「新」キリスト教入門（２）

実践編　共存・共生・共創にむけて

新免　貢

洗礼を受けていても受けていなくても、なんらかの仕方でキリスト教とかかわりのある人びとのすべてがキリスト教を形づくっています。そういうふうに考えていけば、ひとりひとりが「キリスト教」なのです。「あなたがキリスト教」であり、そして、「わたしがキリスト教」なのです。縁もゆかりもある人びとや地域が全体としてキリスト教を形づくっていることになります。そこになにをつけたそうが自由です。大切なのは、あなたも、そして、あなたをとおしてあなたの家族も、あなたの知人も、キリスト教に出会っているのだということです。わたしは、そういうふうにキリスト教を理解しています。

目次

序説～常識は偏見なり～

性的マイノリティ――「ＬＧＢＴ」は、多様な性的マイノリティの存在の幅を網羅した名称ではありません――が生きにくいと感じる社会の枠組みを柔軟性のある枠組みにしていくことは、今日の重要課題のひとつです。以下、具体的に論じていきます。

㈠　新たな出会い

性的マイノリティ差別の事案が発生したことをうけて、「聖書と性」学習会が仙台市郊外の日本基督教団いずみ愛泉教会においておこなわれました（二〇一七年五月二十九日）。わたしは、この学習会で「新しい出会いの物語～ガラテヤ三章二十八節を読む～」と題して、ルーテル派牧師Ｐ・Ｗ・エジャトンとその家族にまつわる実話[1]を紹介しました。

ⅰ）否定

同性愛にかんする知識を当時ほとんどもっていないＰ・Ｗ・エジャトン牧師は、息子のカムアウトを否定しました。神は、家族をつくるために人を男と女につくり、同性愛は自然の秩序に反すると考えていたからです。彼の息子は非の打ち所のない息子でした。成績優秀、正直、やさしい心のもち主、三代つづく牧師家系で敬虔な信仰・・・。P・W・エジャトン牧師と妻シャーリーは、「息子にふさわしい彼女が出来ればそのうち変わるだろう。それまでは、あまりパニックにならずに冷静でいよう」と最初は考えました。息子は別の男性と関係をもっていなかったにせよ、時間が経過していくうちに、同性愛指向は変更不可能であることがわかってきました。

ⅱ）原因究明

P・W・エジャトン牧師は、立派な息子がどうしてゲイになったのかを究明しはじめました。息子自身が神の摂理に反する生き方を選択したのか、それとも、親として育て方が悪かったのか。しかし、そのどちらかでもなく、同性愛者がいかなる文化のいかなる人種においても、時代をこえて一定数かならず存在するという事実を知るようになります。

ⅲ）治療

自分の息子が同性愛者であるという事実に対処するには、ふたつの選択肢が残されているとP・W・エジャトン牧師は考えました。ひとつは神の側からの介入です。もうひとつは心理療法です。幼時期からなにかがまったくちがい、そのちがいが思春期から神にはうけいれられないなにかであることを知っていた熱心なキリスト教信者として、彼の息子は、熱心に祈り、人に言えないこの悩みから自分を救う神のめぐみと力を頼りました。無条件にすべての人たちを神は愛し、砕けた悔いた心をもった人びとを変える力があると説教者たちは教えてきたからです。息子は、何年間も毎晩のように、クローゼット状態でした。みずからの性的指向をあきらかにさせられないままでした。それゆえ、こっそりと、彼の息子は、砕けた悔いた心を神のめぐみの座へとたずさえ、自分を変えてくれるように神に祈りもとめました。しかし、神は彼の同性愛指向を変えることはなかったのです。めぐみ深き神でさえ彼を愛さなかったほど、彼に欠点があったのでしょうか。まさかそんなことありますまい。

結局、神の側の介入は聖書物語のように劇的な仕方ではおこりませんでした。そこで、P・W・エジャトン牧師は、心理療法に解決策をもとめました。しかし同性愛が病気ではないこと、治療できるものではないことを知っただけです。生まれつきの同性愛指向は変更不可能であることをP・W・エジャトン牧師夫婦は知りました。そうすると今度は、社会的汚名を着せられないうちに、また、絶望、アルコール中毒や麻薬中毒にはまらないうちに、あるいは、自殺にまで追いつめられることのないように、悩める同性愛者たちを周囲が支援するしかないということを思い知らされました。

iv）嘆き

否定、原因究明、治療とつづけば、あとは嘆きしかありません。「それがお前のあり方であるなら、お前など息子ではない。お前は死んだも同然」という仕方で、親として、子どもとの関係を断絶する方法もあります。しかし、それでは、キリスト教会がゲイやレズビアンたちにたいしてとってきた排他的な態度と変わりません。親子の縁を切るよりも、自分たち自身の思いちがいや無知をなくし、かたくなな態度を柔軟にする方法があるとP・W・エジャトン牧師は知りました。すべてが白か黒か、悪か善か、いつわりか真実かという仕方できっちりおさまるような伝統的な世界観を失うこと、異性愛者側に社会的に期待されている人並みの幸せ―子どもをつくり、家族をもつこと―を息子が失うことへの嘆きをつみかさねながら、P・W・エジャトン牧師夫婦の考え方の中心が、自分たちの愛する息子自身の戦いから、自分たち自身の戦いに変わりはじめました。つまり、親としての自分たちの痛みは、息子の苦しみと比べると、二次的なものであること、そして、子どもがこの人間世界を生きぬいていけるように支援するのが親としての役割であるという思いにいたりました。

ⅴ）受容

息子が選んだわけでもない、親が選んだわけでもない同性愛という生きる形が変更不可能であることを受けいれる段階が、その次にやってきました。それはまた、教会や社会に支配的な同性愛嫌悪を変えることへの思いと表裏一体でした。ゲイであることにかかわる最大の問題は、ゲイの側にあるのではなく、むしろ、ゲイにたいする異性愛者側の態度にあることをＰ・Ｗ・エジャトン牧師は実感させられていきます。

ⅵ）祝福

同性愛は、数の上では少数でも、自然界における多様な存在様式のひとつの形であることを思えば、これは神からの賜物として祝福できるとＰ・Ｗ・エジャトン牧師は考えるようになりました。

以上は、ゲイである当事者の息子ではなく、彼の親がその伝統的価値観を「転換」―「コンヴァージョン」―させられた立派な「回心」物語です。これは、牧師夫婦がカムアウトしたゲイの息子とともに生きること―共存―へと転換させられた物語です。かつてアインシュタインは「常識とは、人が十八歳に達するまでに心のなかにたくわえられた偏見の貯蔵庫にすぎない」[2]と述べましたが、この実話は、根拠のない偏見の貯蔵庫のなかからひとつの根強い偏見を取りだし、それを根拠のある見解へ転換させた道筋をよく示しています。その道筋は、たがいに助けあう相互扶助の形をともに創りだす「共創」への道筋でもあります。

(二) かくされた暴力性とダブル・バインド(二重のしばり)

最近、各大学や企業でも多様な性の受けいれを表明するようになりました。すくなくとも、そういう方向へと進もうとしています。一見歓迎すべき動向のように見えますが、そこにはふたつのからくりがかくされています。ひとつは、経済の論理と結びついた性的マイノリティの受けいれは、性の多様性の尊重の名のもとに、性的マイノリティさがしープライヴァシーを侵害する暴力ーをおこなっているにすぎないというからくりです。もうひとつは、社会の抑圧的な経済システムのなかに性的マイノリティをはめこみ、役にたつ「人材」として位置づけるというからくりです。そこには、「『人材』として役にたてば、企業の収益につながれば、いかなるセクシュアリティも受けいれます」という思惑がかくされています。それはまた、役にたたない性的マイノリティには存在価値がないとする「人づくり革命」とつながっています。これにより、異性愛というこちら側のジェンダー（cis-gender）が正常で、その対極にあるトランスジェンダーは異常であるとする従来の強固な枠組みがおおいかくされます。これでは相互扶助にはなりません。性的マイノリティというセクシュアリティの枠を経済の論理で受けいれながら、その論理に適合しなければ、どっちみちすてられるという点では、相互扶助の原理に反しているわけです。そこには、暴力性が温存され、かくされたままです。

性的マイノリティは、自分のセクシュアリティをかくせば「異性愛者」と見なされ、公言すれば「異常」と見られてしまう二重のしばり（ダブル・バインド）[3]のなかにおかれています。それが性的マイノリティの社会的位置です。このダブル・バインドが性的マイノリティを苦しめています。自殺念慮も強いと言われ、自殺未遂経験者もいます。一部の性的マイノリティが茶の間で人気を博していても、このダブル・バインドがおおいかくされたままです。同性愛差別は異性愛中心社会の抑圧的な仕組みと強固にからみついているので、異性愛者側はそれに気づかない仕組みになっているわけです。それどころか、性的マイノリティが異性愛社会のシステムの中心に存在感をもってすわりはじめると、おそらく性的マイノリティを排除する動きが表面化すると予想されます。実際、性的マイノリティ蔑視のように聞こえる政治家の発言が跡を絶ちません。たとえば、「国がつぶれる」「生産性がない」「法律化する必要がない」「日本国の伝統には合わないと思う」「生物の根底を変える異常動物」「社会常識からして、正常な形でない人を支援する必要はないのではないか」などといった発言です。これらの発言にたいする冷静な分析と批評は、LGBTの就職・転職活動支援サイト（*Job Rainbow Magazine*）に掲載されている「LGBTに関する問題発言をした議員・カミングアウトしている議員」に簡潔にまとめられています。それにしても、これらの「真剣」とも受けとれる言葉が立場ある者たちの口をとおして発せられるとは、いかなる事態でしょうか。実行可能な共存・共生の形をともに創る「共創」意識が欠けています。クィア理論で知られるイヴ・コゾフスキー・セジウィック（注六六）が鋭く指摘するように、同性愛蔑視がいかに注意深く長年にわたって刷りこまれてきたかがよくわかります。

性的マイノリティ差別は人権侵害にあたります。そういう判断を示したのが、府中青年の家裁判(4)です。同性愛者グループ「動くゲイとレズビアンの会」は、勉強会合宿のために利用した東京都の公共施設「府中青年の家」において、ほかの利用者たちからいやがらせ

―「ホモ」「オカマ」呼ばわり、入浴のぞきこみ、ドアの強打など―をうけました。同性愛者グループは、今後の施設利用を認めないとした東京都の対応を人権侵害として、施設を管理する東京都を相手に訴えをおこし、慰謝料支はらいをもとめました。同性愛者グループは地裁・高裁で勝訴判決を勝ちとりました。同性愛者グループが府中青年の家でうけた恐怖の人権侵害は、アメリカ映画『ボーイズ・ドント・クライ』（一九九九年）を想起させます。それはまさに暴力的な人権侵害でした。その「暴力」のなかに、「言葉による暴力」がふくまれます。キリスト者グループ関係者が、なんと聖書のなかから、同性愛を禁じる古代の言葉を拾いあげ、同性愛者たちのいる部屋の前で、「女と寝るように男と寝る者は、ふたりは忌むべきことをしたのであり、かならず死にいたらしめられる」（レビ二十・十三）と堂々と読みあげたのです。これは、同性愛者たちを「罪びと」ときめつける人権侵害に相当し、言葉による暴力です。こういう劣悪なことをやらかす低水準のキリスト者たちがいることを、キリスト教世界は深く恥じいってしかるべきです。世間もこのことを憂慮すべきです。なお、レビ二十・十三は、同性愛を禁じた数すくない聖書の言葉のひとつにすぎません。この言葉については、第四部で、あらためて取りあげます。

㈢　共存を可能にする社会的合意―「権利」「人権」―

対等にあつかわれるべきとするＬＧＢＴ側の権利の主張と、ＬＧＢＴに否定的イメージをいだく側の権利主張とが、たがいにゆずることなく衝突すれば、血で血を洗う凄惨なことにもなりかねません。「権利」は、アメリカ独立宣言（一七七六年）では「創造者（Creator）」（＝神）からあたえられた「一定のうばうことのできない権利（certain unalienable rights）」とされ、フランス革命の理念を言いあらわす「人および市民の権利の宣言」（一七八九年）では「至高者（l'Être suprême）」（＝神）の前で宣言されています。両宣言は、権力に対抗するために創造者なる神、至高者なる神を楯に取らざるをえなかった事情を反映しているのでしょう。しかし、「人権」は実際、神の側の唯一絶対の「正義」ではなく、神から人間の手にゆだねられたものです。それゆえ、「人権」は「human rights」と複数形で表記されています。その複数形は、「正しさ」や「正義」の内容が人間の合意によるものであり、修正もありうることを示唆しています。「人権」は単数形の大文字ではじまる「Right」であれば、絶対的正しさをかかげる双方がたがいに一歩もゆずれなくなり、その結果、「正しさ」と「正しさ」との深刻な対立、「正義」と「正義」との激しい衝突が引きおこされる事態となります[5]。

それゆえ、人の正しさはかならずしも絶対的なものではなく、時間をかけて社会的に合意形成されていくしかないと思うのです。そういう合意形成の過程で市民がせめてＬＧＢＴの存在に気づき、理解と関心をもつようになることが期待されます。そのために教育が果たす社会的役割は大きいものがあります。幼児教育の段階から小・中学校教育、高校・大学教育にいたるまでの教育プロセス全体をとおして、事の理非のわかる市民層が形成されていきます。市民社会では、異なる者同士が共存することの合意として、あるいは、共存していく約束として、これを大切に守っていくことにするという空気が必要不可欠です。

一方、その共存の合意と約束を守れない事態、たとえば、府中青年の家でおきたように、陰湿ないやがらせやいじめがおきることもあります。その場合、それと気づいた者から声を発して、いやがらせやいじめがおきにくい工夫をするように関係各方面に働きかけていかなくてはなりません。「声を発する」は、この場合、〝cry〟です。「声を発する」ことは「叫ぶ」ことです。「叫ぶ」ことが変革につながります。しかし、変革はひとりでは無理です。マイケル・ジャクソンの『ＣＲＹ』（二〇〇一年）に、「きみたちは世界を変えられる（ぼくひとりでは無理なんだ）」（You can change the world (I can`t do it myself)）という力強い歌詞がふくまれています。「きみたちは世界を変えられる（ぼくひとりでは無理なんだ）」。だから、いっせいにみんなで声をあげる。それが「祈り」というものです。「祈り」は呪文や願いごとではなく、行動をともないます。キリスト教教育は、キリスト教にかんする表層的な知識―本に書かれてあるようなこと―の提供に終始するのではなく、また、礼拝で型どおりのメッセージをおしつけるのでもなく、「今、あなたの力が必要なのである」と論じ、人はそれぞれちがうということを共有しあう教育です。

ＬＧＢＴ当事者は平常時でさえ、ふろ、トイレ、更衣室などで不便を感じることがあります。自然災害のような緊急時となると、「隣人」であるはずのＬＧＢＴは平常時以上に気づかれにくい存在となります。スカートをはくことに苦痛を感じ、通学に困難を覚える者もいます。カムアウト後もゲイは、周囲との関係でクローゼット状態におかれることがよくあります。こうしたＬＧＢＴの苦境に関心を示し、「世界を変えられる（ぼくひとりでは無理なんだ）」と声をあげ、具体的に対応しながら、ＬＧＢＴの権利が、たがいの協力で人間の権利となっていきます。共存の合意や約束を実質化する役割をになうのは、生徒たち・学生たち・子どもたちのみならず、教職員たち、保護者たち、老若男女がいり混じった地域住民たち、そして、外国人たちです。みんなで「たがいに」―ヘブライ語では「人がその隣人にたいして」を意味する言い方で美しく言いあらわされます—市民社会を構成しているのです。こういう認識を新たにし、進むべき方向を見あやまらないように、リスクを負いながらでも、面舵いっぱいで進んでいく覚悟ができているか。そういう覚悟に裏うちされた信義誠実—性的マイノリティの信頼や期待を裏切らないように誠意をもってふるまうこと—の度合いが今ためされているのではないでしょうか。

性的マイノリティにたいする支援は、性的マイノリティ本人たちの要望を支援することでなくてはなりません。性的マイノリティの安心をめぐる議論は、わが国の戸籍制度にまで行き着きます。性的マイノリティ本人たちによる社会構造改革は、「アメリカ障害者法」(Americans with Disabilities Act of 1990)[6]が良い手本となります。最近、性的マイノリティの地方議会議員や国会議員もあらわれはじめました。そのこと自体、歓迎すべき動向です。今後、「アメリカ障害者法」のように、差別されている側の権利保護の方法を具体的に明記した「人間多様性法」のような法律の制定が望まれます。もちろん、法律だけでは世のなかの構造や仕組みは変わりません。いかなる形の差別をも認めないという社会全体の空気が必要不可欠です。今は、そういう空気を共存の意思の社会的合意として市民間で形成すべき段階にあります。本来なら、性的マイノリティみずからが、性の多様性を実質化する社会構造改革案を検討すべきであるとわたしは考えます。当事者にしかわかりえないことがあるからです。また、そうできるように周囲が支援すべきなのです。性的マイノリティ支援は、性的マイノリティを立派に論じる人たちのためにあるのではありません。性的マイノリティは、学問諸分野の研究領域においても国政の場においても教育現場においても市民運動においても、論じられる対象としてあつかわれつづけています。その結果、性的マイノリティは、異性愛社会とは断絶された異界に居つづけさせられます。こうして異性愛社会の仕組みが保たれていることになります。

(四) ストーンウォール反乱五十周年記念大行進

本格的なゲイ人権運動の幕あけとなった「ストーンウォールの反乱（Stonewall Uprising）」（一九六九年六月二十八日）—食い物にされ、自滅的に生きた、虹のむこうのオズの雲をつかむような空想をもったひとりの犠牲者、〝Somewhere over the Rainbow〟で知られるジュディ・ガーランドの葬儀の翌日の夜—から五十周年をむかえ、ニューヨークで六月三十日、毎年恒例の性的マイノリティの祭典「プライド」パレードが開催されました。虹色の旗をふりながら約十五万人の参加者が思い思いの格好で行進しました。「ストーンウォールは暴動だ！　われわれは黙ってなんかいないぞ！」と叫ぶ当事者たちにたいして、四百万人もの人びとが声援をおくりました。注目されるのは、激しい怒りにみちた同性愛者たちの発言の数々です。たとえば、ひとりのレズビアンは、「平等では十分ではない。受けいれでは十分ではない。この社会の規範と構造に統合される状態は、けっして十分ではない。われわれに必要なのは、ほかのさまざまな運動ともつながるだけの影響力をもった運動、すなわち、クィア運動、多様性運動であり、がんじがらめにわれわれの生活を限定している制度や構造にたいして実際に異議をとなえるだけの影響力のある運動である」という趣旨の発言をしました。[7] 同性愛者たちは、より広い文脈における連帯をもとめているのです。こういう声を生みだしつづけてきたストーンウォール反乱の歴史的意義は、いくら強調しても強調しすぎることはありません。ストーンウォール反乱は、同性愛者たちをほかのマイノリティ集団と同等にあつかうべきであるとする主張を広める大きな契機となりました。

こういう文脈で言えば、性的マイノリティ受けいれは、人間解放につながらなければ、一時の間に合わせでおわります。実は、キリスト教が世にかかげる「福音」は、この人間解放をふくんでいます。いかなる人も生きていけるというのが、「福音」の基本です。最近の性的マイノリティ受けいれをめぐる対策や手続きは、キリスト教の人間観や世界観に照らして言えば、「福音」としての人間解放の序の口でしかありません。さらに、認識しなければならないことがあります。それは、教育機関をはじめ、社会の各方面で広がりつつある性的マイノリティ受けいれは、あくまでも受けいれる側の発想の枠内にあるということです。つまり、受けいれ対象とされる性的マイノリティ当事者たちは、多様性にむかう社会という名のもとに、こちら側のジェンダーが取り決めた規範に適合させられていこうとしています。その規範が規範でなくなるまで、すなわち、だれもがその存在を認められ、そのままでいいとされることが望ましいことです。それが共存の基本です。そして、たがいの知恵をともに寄せあいながら、共存が共生の具体的な形として創られていくことが期待されます。「共創原理」はそういう水準のことです。これを「実験」しなければ、原理として働かないのです。そのためには、膨大な時間と労力が要求されることでしょう。六月二十八日の関連イベントではレディー・ガガが登場したと伝えられました。性的マイノリティを正面から肯定し、その存在をたたえるレディ・ガガの「ボーン・ディス・ウェイ（Born This Way）」の歌詞は、泣けてくるメッセージとなっています。「ボーン・ディス・ウェイ」は、文脈次第で、「このようにして生まれて」「あるがままに」「生まれつきこうなのよ」「あたしはあたし」などと、いかようにも訳せます。多様性をもとめる時代状況にふさわしいキリスト教倫理を構築する場合、その視野は、そこまでふり幅を広げなければならないでしょう。

（1） Bishop Paul Wennes Egerton, "One Family's Story," in ed. by Walter Wink, *Homosexuality and Christian Faith: Questions of Conscience for the Churches*, Fortress Press, 1991, pp. 23-30.

（2） Dale Martin, *Sex and the Single Savior : Gender and Sexuality in Biblical Interpretation*, Westminster John Knox Press, 2006, p. 214, n.1.

（3） 風間孝「同性愛／異性愛 その関係性の再構築―府中青年の家裁判を事例に」『家族へのまなざし―市民的共生の経済学3』（弘文堂、二〇〇一年）参照。この論文は府中の家裁判を事例として取りあげ、根拠があやふやな異性愛者側―当時の東京都側―の「同性愛有害論」の欺瞞を鋭く指摘しています。

（4） 詳細は、『判例時報』（一五〇九号、八十頁以下）を参照。

（5） 滝川一廣「『子どもの人権』再考」『こころの科学№94』二〇〇〇年十一月、八十五―九十一頁。

（6） 『アメリカ障害者法　全訳・原文』現代書館、一九九一年。

（7） "'We Will Not Be Quiet!' Stonewall Was a Riot!': Queer Liberation March Returns Pride to Radical Roots," in *Democracy Now* July 01, 2019.

第一部

だれも断罪できない

第一章　「一人で死ねば！」と言えますか？

わたしたちの時代は、貧困家庭の増加や経済的格差の階級化に直面しています。政財界と教育界は一丸となり、まるでふいごのように、「くじけるな！」「役にたたない人間は不良債権！」などの戦闘的なメッセージを「社会という炉」のなかにおくりだしています。しかし、人間は白紙の状態で生まれるわけではありません。めぐまれた環境の者がめぐまれた人生を歩み、劣悪な生活環境―自己責任の範囲をこえた一種の社会災害―のなかにある者が絶望して犯罪に走ることはよくあります。また、社会関係にめぐまれず、周囲から取り残された者が悲惨な事件をおこしています。そのおそれを未然に防ぐために、親がわが子を殺す事例もあります。こうした事件には、当事者にしかわかりえない複雑な事情がからんでいると想像されます。それゆえ、犯行におよんだ当事者をだれも、断罪できないと思います。

それにしても、理不尽な暴力があとを絶ちません。たとえば、川崎市多摩区で小学生ら十九人が死傷した事件がおきました。無実の子どもや大人を巻きこんだ人物―「引きこもり」として類型化されてしまっています―の犯行にたいして、「一人で死ねば！」という趣旨の発言が続出しました（「川崎殺傷『一人で死ねば』の声―事件や自殺誘うと懸念も」『朝日新聞DIGITAL』二〇一九年五月三十一日）。「一人で死ねば！」という発言が口をついて出てきているところに、わたしは恐怖を感じます。自分自身がなにか不都合なことをやらかした場合、「おまえなんか、死ね！」と言われたら、あるいは、そういう視線で見られたら、心が折れます。もちろん、殺人はいかなる理由であれ、これを認めるわけにはいきません。しかし、その論理的帰結として、「一人で死ねば！」とも言いはなつことができる正当な理由があるかは疑問です。きれいごととしてではなく、「いのち」にかかわることとしてわたしはそう思うのです。人間の尊厳がうばわれていいはずがないからです。

「一人で死ねば」という論理は、個人の尊重とは正反対です。それは、社会的に役にたたないとされる存在を否定することになり、共存と共生を認めないことになります。性的マイノリティにたいする差別や、そのほかの人権侵害も結局、異なる存在を排除するかぎりにおいて、「一人で死ねば」という論理と結びつきます。日本国憲法からも、その排他的論理の不合理が指摘されなければなりません。ここで、ドイツ連邦共和国基本法と日本国憲法を比較すると、この問題の論じ方が示唆されます。たとえば、ドイツ連邦共和国基本法第一条第一項には、「人間の尊厳は不可侵である。これを尊重し、および保護することは、すべての国家権力の義務である」とあります。そこでは、「義務」を意味するドイツ語の単語が使用されています（Verpflichtung）。つまり、人間の尊厳の尊重と保護は国家権力の義務です。一方、日本国憲法第十三条の最初の一文は、「すべて国民は、個人として尊重される」とあります。そこには「義務」という表現自体はありません。しかし、「尊重される」という言い方のもとの英語表現は本来、国民が個人として尊重されることを政府に教え、命令するという趣旨です。「尊重されねばなりません」（shall be respected）ということです。「尊重される」という言い方だけでは、意味が弱いのです。原文の趣旨が日本語訳憲法に生かされていません。そのことは、言語学者たちも指摘しています[8]。

（8）橋内武・堀田秀吾編著『法と言語—法言語学へのいざない』くろしお出版、二〇一二年、二十四—三十一頁。

第二章　名前

個人の尊厳は、その個人の名前をふくんでいます。そんなことを考えさせてくれる言葉が、コヘレト七・一です。そこに「良き名は良質の油にまさり、死ぬる日は生まるる日にまさる」と記されています。「名前」。それは、わたしたち自身です。わたしたちは生きていく過程で、いろいろなことを体験しながら、自分の名前が自分の名前となっていくのです。人が人となるのです。名前は自分という人間が生きて来たことのすべてです。名前がつけられているだけでは、名前としては意味がありません。名前をつけられてその人自身が生きていきながら、名前がその人の名前となります。名前はそういう意味ではほかのだれかのものではなく、その人自身のものです。だれも、ほかの人の名前を盗むことはできません。名前は、金属が磨滅するようにすりへっていくことはありません。名前はその人自身の人生なのです。子供であれ大人であれ、老若男女を問わず、それぞれが固有の名前をもっています。

名前はまた、たんなる名誉や評判のことではありません。その人の人生全体の重みが名前です。それは物質的なものよりも価値があります。その物質的な価値がここでは、「良質の油」―「いい香りのする油」―という言い方で示されています。しかし、物質的な価値はやがて輝きを失います。「いい香りのする油」も、やがてはそのかおりを失うのと同じです。わたしたちは遅かれ早かれ、死をむかえることになります。わたしたちは、自分の体のかたちを胎内で形づくられ、その肉体をもって人生を生きています。肉体をもっていること、肉体的存在であることは、やがてその肉体がほろんでいくことを前提としています。わたしたち人間は生まれるやいなや、死への道をくだりはじめることになります。死のメカニズムは自分の肉体に刻みこまれ、生まれたときからすでにはじまっているのです。

たしかに、生まれる日はおおくの場合、めでたい日です。死をむかえる日はおおくの場合、悲しい日です。しかし、死をむかえる日はまた、ひじょうに意味のある日でもあります。それは、名前を創りあげていくその人の人生のプロセスがそこでその人なりに完成するからです。死というものに、どこか厳かなものが感じられるのは、そのためだと思います。「良き名は良質の油にまさる」ことを認めるならば、「死ぬる日は生まるる日にまさる」ことも認めねばなりません[9]。コヘレト七・一は、そのふたつの事柄をわかちがたくたがいに結びつけ、生きていくことの尊さ、重さ、深さを言いあらわしています。

「名前」に関連して、一ノ瀬海くんのことを取りあげます。一ノ瀬海くんは、アニメ作品『ピアノの森』の主人公です。劣悪な環境にもめげず、劣悪な環境であるがゆえに、それ自体が一ノ瀬海くんを育てる環境となりました。一ノ瀬海くんは、人の心にとどく音をかなでることのできるピアニストとして、枠にはまらずに活躍し、本音をむきだしにして生きていきます。「あいつの母親は、汚い仕事をしているんだぜ」と同級生から一ノ瀬海くんはからかわれ、いじめられ、バカにされ、見くだされながら、です。ピアノのコンクールに出場するような人たちのなかには、裕福な音楽一家であるとか、あるいは、親族や知りあいに有力な音楽関係者がいる人もめずらしくありません。一ノ瀬海くんはそのようなめぐまれた社会関係資本とは無縁です。しかし、そんなことをたくましくはねかえしていくのが一ノ瀬海くんです。音楽教育を受けたわけでもない、家族や親戚にめぐまれているわけでもない一ノ瀬海くんには、彼にしか出せない音があるのです。

森にすてられていたピアノで遊びながら、一ノ瀬海くんは我流でピアノをおぼえ、人に言えないアルバイトもしながら、そして、世間ではうとまれそうな人たちにもなにかとお世話になりながら、まさに、そういう人たちとの「共存・共生」にささえられて「豊かに」

育ちました。社会が前提としている人材育成のシステムの枠の外におかれ、我流でやっていく生き方を立場ある人たちはきらい、警戒し、下品と感じます。それは、本当はこわいからです。自分たちのやっていることの先をこされ、自分たちの立場がゆるがされることをおそれるわけです。立場ある人たちは、自分たちの知らないこと、自分たちが作りあげた仕組みの歯車の一部になっていない存在をさける傾向があります。こういうことは、社会の各方面に見られる現象です。将来を嘱望されていた世界的な一流ピアニストがこよなく愛用し、ワケがあって森の奥にすてられ、一見こわれたボロボロのピアノですが、一ノ瀬海くんは、そのピアノを自由にひきこなし、彼独特の音を出せるのです。それは、彼にしか出せない音ですが、彼と出あった縁もゆかりもある多くの人たちとの「共創」で奏でられる、人まねではない音です。そういう音を出せるのが、一ノ瀬海くんのすごいところです。

コヘレト七・一と関連させて言えば、ひたむきに生きる一ノ瀬海くんの人生は、「一ノ瀬海」という名前をもった人の人生です。だれもそのまねはできません。「一ノ瀬海」という名前は彼だけのものです。「良き名前は良質の油にまさる」のです。人にはその人にしかない名前と物語、かけがえのないものがあります。ほかの人がもっているそういう大切なものを、わたしは自分自身の言葉と自分自身の名前で表現できているのかと反省もさせられました。一ノ瀬海くんは、ちょっとやそっとのことではめげることなく、恥ずかしげもなく「アナーキー」に正直に生きる「アナーキー」な主人公です。通常、「アナーキー」という語は、「無政府状態」とか「無秩序」などと訳されています。わたしは、ただでさえ危険な印象をあたえやすいこの表現を一ノ瀬海くんの生き方やふるまい、そして、周囲のうとまれている連中の生きざまとの関連で使いたいのです。「アナーキー」は、世のなかの強固なしばりにしばられず、社会の権威に支配されることをよしとせず、恥も外聞もなく必死にやっていく姿勢です。その語は文字どおりには、「支配がない状態」を意味します。そのように「アナーキー」に生きる一ノ瀬海くんに共感をおぼえます。彼の人生には、まちがいなく、「共存・共生・共創」の原理が息づいています。

---

(9) James L. Kugel, *How to Read the Bible: A Guide to Scripture, Then and Now*, New York: Free Press, 2007, pp. 512-514.

第三章　若い母親を侮辱した有罪判決〜これでも正義か〜

個人の尊厳も、個人の名前もないがしろにされた事例を紹介します。二〇一〇年夏、三歳と一歳九カ月の子がマンションの一室におきざりにされ、白骨化した死体で見つかりました。この若いお母さんも餓死したふたりの幼子も、まわりとの豊かな関係性にめぐまれず、人生をつぶされました。これは、日本社会のどこでおきてもおかしくはない痛ましい出来事です。その母親は、自分を大きく見せるウソをつくことがよくありました。でも、まわりとの信頼関係や安心感がうすければ、人は自分を守るためにウソをつくこともあります。しかも、彼女には集団レイプの体験があるのです。高校入学後、がんばってみましたが、家出をくりかえします。子どもを作りましたが、離婚し、子どもを自分で引きとりました。子どもを育て、教育資金をためるために、夜の仕事をしました。自分の気もちがコントロールできず、遊びほうけました。料理も作らず、子どもの食事をコンビニで全部まかない、夜、仕事に出かける毎日でした。ワンルームマンションの部屋はいつもごみで散らかったままでした。ジュースのパックもストローをさしたままです。部屋中は汚物まみれです。ある日、彼女が部屋に帰ると、子供が死んでいました。遺体は白骨化し、内臓も溶けていました。彼女は、高校時代にお世話になった人に電話をしました。「大事な人が亡くなった」と。自分の子供が死んだとは言えず、電話を切りました。子どもたちはお母さんがいないあいだ、泣き叫んでいました。なんと痛ましいことでしょう。マンションでは、泣き声とともに、「ママ、ママ！」と叫んでいる声が聞こえていたのです。でも、結局、放置されたまま死にました。彼女は、両親からかまわれずに育ちました。父親は指導熱心な教師でした。母親は家出をしました。彼女自身が十分な世話を受けた経験がなく、育児放棄の犠牲者であり、結果として、わが子にも同じ目にあわせたことになります。不幸なことです。だれも彼女を断罪できるはずがありません。

彼女は懲役三十年の判決を受けましたが（二〇一二年三月十六日、大阪地方裁判所第六刑事部）、「解離性障害」の疑いがもたれています。ある専門家はこう述べています。

誰しも多様な面をもっていますが、ある程度、その人としてのまとまりがあり、安定性が保たれている。それが彼女の場合、自己が統合されていなかった。本来成長の段階で、自己は親との関係、つまり、もっとも重要な他者、保護的な養育を提供してくれる主要な大人との関係でまとまっていきます。しかし、重要な人との関係が薄いと、自分の要素がまとまりきらなくなる。このお母さんはうそつきだとか、コロコロ変わるとか言われているけれど、それは彼女の病理であって、意図的なものではない。しかし一般の人からは小ずるいと見えるのではないでしょうか。それは彼女自身の生き方、あるいは自己のあり方だが、自分の意思で選んでいるわけではない。保護的な養育を提供してくれる大人がいなかったのは、彼女の責任ではないのです」（杉山春著『ルポ　虐待――大阪二児置き去り死事件』（ちくま新書、二〇一三年、八七―八十八頁）。

この専門家の意見を考慮すれば、彼女に殺意ありとしたこの判決は、彼女の人格を侮辱しているように感じられます。彼女自身が劣悪な生活環境の犠牲者だからです。判決文では、母親には幼少期の虐待体験が深く彼女の心に影を落としていることを認めつつ、そこから脱却する契機はあったとされています。裁判官からはそのように見えても、人間はそう簡単には立ちなおれるものではないとわたしは思います。これでも正義の判決でしょうか。必要なのは、手続きとして冷たく言いわたされる刑罰ではなく、彼女のような境遇の人がどこからでも生きていける社会の仕組みと周囲のやさしい視線です。彼女には彼女の生きてきた道筋と、それを証明する彼女自身の名前があるからです。彼女の人間としての尊厳は尊重されねばなりません。一体、だれが、どういう資格で、彼女にたいして「母親失格！」という烙印をおせるでしょうか。

収入の差や学歴の差などのいろいろな社会的格差が今や階級になりつつあります。いつの世もそうですが、わたしたちの時代でも、階級間移動さえままならぬ状態にあるのが現実です。それは、共存・共生の機会をうばっていることを意味します。劣悪な生活環境はいつまでもそのまま、子どもも孫もそのまま、一方、立派な教育を受けることができ、十分な収入にめぐまれた人は、自分の子どもも孫も同じようにめぐまれた人生をあゆむ。そういう厳しい世のなかでわたしたちは生きています。育児放棄で子どもを死なせてもおかしくはない不合理な世のなかです。こういう問題について、「自分には関係ない。その母親は自業自得だ。一人で死ねばいいのに」などと簡単に言ってしまうのではなく、やはり生きる意味を一緒に考えたいものです。生きる意味を偉そうに教えるのではなく、一緒に考えたいものです。年齢に関係なく、です。「生きていてくれ」「やり直してくれ」という思いを「共存・共生」の意思として伝えたいものです。

そのためにも、世のなかの不合理をおしかえしていく考え方—これが生き方の技法としての本当の「教養」です—を身につけ、実践することが大切です。生き方の技法としての教養は、人とのかかわりをとおして、じわじわと身についていきます。もちろん、学校がすべてではありません。世のなかが学校です。ただ、学校は、生き方の技法という意味での教養を身につける重要な場所であることはたしかです。学校教育は重要な社会基盤です。学校は、まだ見ぬ未来につながる「いのち」の場所として、すなわち、やりなおしがきくことを感じさせてくれる慰めの共同体として存在しているからです。しかし、学校側が、出来・不出来を基準に生徒や学生を「人材」としてモノのようにあつかっています。そうなると、それは学校（school）ではなく、管理する学校側（administration）でしかないのです。「学校」と「学校側」は異なります。両者は、目ざしている方向がまったく逆方向だからです。ここで、思いおこされるのは、一九九四年四月二十日、十三名が殺されたあの「アメリカ学校史上最悪の一日」と評される事件をクラスメイトがつづった『コロンバイン・ハイスクール・ダイアリー（Brooks Brown & Rob Merritt, *No Easy Answers: The Truth Behind Death at Columbine High School*, Lantern Books, 2002)』（西本美由紀訳、太田出版、二〇〇四年）です。この本は、銃を乱射したふたりの高校生と親しかった同級生（ブルックス・ブラウン）とジャーナリスト（ロブ・メリット）との共著です、そこでは、原著の〝school〟が「学校」、〝administraton〟が「学校側」と正確に訳し分けられています。この本は、「学校」と「学校側」とのはざまで、おおくの問題—いじめもふくみます—がおきることを証明した本です。

社会システムの一部としての教育の働きは、種まきの働きと似ています。もちろん、良い種をまかないといけません。聖書の言葉で言えば、正義の種をまくことです。「正義の種をまき、いつくしみに見合った刈りとりをおこないなさい」（ホセア十・十二）と記されています。実に美しい言葉です。正義の種をまき、てまひまをかけて、いつくしみにふさわしい実を刈りとる。これが、「正義」をともに創りだす「共創」社会の基盤です。それでは、「正義」とは何でしょうか。「正義」は理念ではなく具体的なことです、イザヤ一・十七に「立派にふるまうことをならい、正義をおこなえ。孤児を守り、寡婦のために弁護せよ」と明確に力強く述べられているように、「正義」[10]の内容は、厳しい判決を受けた上述の若いお母さんのようにひどい目にあっている人たちの訴えが正しく聞きあげられることです。小・中校、あるいは高校・大学では、そういう意味での正義の種をまく教育―「共存・共生」の意思形成をする教育と言いかえておきます―がなされるべきです。そうすれば、教育をとおして身につけた知識は、世のなかに生かされるはずです。しかし、知識はときには人を偉そうにします。知識は狂気にも凶器にもなります。知識をほこる者、肩書を見せびらかす者、自分をみがくことしかしない者は、まともな人間ではありません。わたしたちは、優者優先主義の世のなかの冷たい空気にあらがい、「共存・共生」というちがった生き方をしましょう。弱さでかがやくように生きましょう。それが安全な生き方だからです。「正義の種をまき、いつくしみに見合った実を刈りとる」という「生きる意味」を一緒に考える者でありたいと願っています。

わたしたちの社会は、「共存・共生」から突きはなされている人たちがたくさんいます。病んでいる人たちや傷ついている人たちであふれています。想像してみてください、学校の給食だけで一日を過ごす子供たちの姿を。想像してみてください、関係性にめぐまれない十代女子たちの姿を。想像してみてください、発達障害のためにいじめられ、学校卒業後も周囲に適合できないまま深夜バイトに明け暮れる青年が、自分の不遇を打開するためには、「テロと暴力によって二千四百万人の虐殺が必要である」[11]と叫ぶ状況を。想像してみてください、非行に走り、あるいは、追いつめられて殺人事件までおこす若い人たちの絶叫と苦悩を。想像してみてください、親の怒鳴り声が直接耳にこびりつき、身体的恐怖にさらされて、なんとか生きのびてきたのに―そのこと自体が奇跡として正当に評価されず―、子育てのノウハウなどとは無縁の若い母親が、心ならずも、わが子を虐待し、ときには死へと追いやる状況を。そのことを無責任に批判する社会の冷たい視線を。あるいは、ミルクがないまま公営住宅で餓死してしまう幼子の痛ましい境遇を。世のなかでおきる悲惨な事件は、わたしたちの痛みとどこかでつながっています。これらの事例は、子どもたちから子ども時代がうばわれていることの成れの果てです。そのままで愛されて守られる権利、かけがえのない存在だと周囲から受けとめられ、自分もそう感じる権利、話を聞く相手がそばにいてくれる権利、まともな教育をまともに受ける権利がうばわれています。

マイケル・ジャクソンの『迷える子どもたち（The Lost Children）』には、こういう歌詞がふくまれています。

子どもと一緒にいてあげてほしい。
元気づけ、助けることがおとなの義務だ。
そして、愛。
子どもが夢を持てるように勇気づけよう。
親として、友だちとして、親戚として、
子どもに良き夢を持たせてあげよう。[12]

先に生まれてきたわたしたちのほうから、生まれたばかりの幼児に面とむかって、「いのちの場所」がどこにあるかをたずねなければならないはずです（トマス福音書語録四参照）。また、ちょっとしたことで、子どもに声をかけることもできます。その親を励ますこともできます。意に反して迷える子どもを元気づけ、助けることもできます。これらのことは、心臓に鼓動が打つ周囲の大人の社会的義務です。こういう水準のことは、今話題の人工知能を装備したロボットにまかせていいものでしょうか。社会的義務を果たす人間の数の不足は、ロボットの機能でおぎなうことができるのでしょうか。見ず知らずの人もふくめて、ありとあらゆる人の働きかけ―やさしい視線と忍耐もふくみます―やつながりがあって、「共存・共生」によって、ひとりの人間が人間となっていくのです。言いかえると、それは、名前がその人自身の名前となっていくということです。それが良い絆、えにしとなります。こういう絆は、濃淡はいろいろありますが、一蓮托生にして絶ちがたいものがあります。人が生きていくこと自体が、社会の共同作業です。今は、その共同作業が分断されてきています。本当におそろしいことです。

(10)「正義」の観念は古代東方世界に広範囲に見られます。「正義」には、負担を軽減することがふくまれています。聖書学者モーシェ・ヴァインフェルド（ヘブライ大学名誉教授）は、ユダヤ教聖書の内外の豊富な証拠例を挙げています。Moshe Weinfeld, "Justice and Righteousness' in Ancient Israel against the Background of Social Reforms in the Ancient Near East," *in Mesopotamien und seine Nachbarn: Politische und kulturelle Wechselbeziehungen im alten Vorderasien vom 4. bis 1. Jahrtausend v. Chr.*, Hg. von Nissen, Hans-Jörg / Renger, Johannes, Berlin: Reimer-Verlag, 1987, s. 491-519.

（11） 杉山登志郎他「高機能広汎性発達障害青年の手記の分析」『乳幼児医学・心理学研究七（一）』（一九九八年）、四十一―四十九頁。

（12） 森田ゆり『体罰と戦争―人類のふたつの不名誉な伝統』かもがわ出版、二〇一九年、二三八頁。

第二部

倫理的機能不全からの脱却を目ざす

ＪＲ福島駅西口に設置された線量計では、二〇一九年六月三日午後四時半、〇・一三五（μSv/h）という数字が表示されていました。飯舘村立草野・飯樋・臼石小学校の校庭に設置された線量計は、六月四日午前八時半、〇・一九を表示していました。同日午後二時半、飯舘村役場前の線量計は、〇・三二を表示していました。郡山各地（施設、公園、小中校など）の放射線量（二〇一八年十一月十五日〜十二月十三日）は、ほとんど〇・一をこえています。[13] 一方、一時間ごとに放射線量の表示が更新される仙台市では、六月九日六時〇分、〇・〇五六と測定されており（測定地点は、おおくの人たちがひっきりなしに行き来し、各方面行きのバス停留所が立ち並ぶ市役所前）、ウェブ上で公表されている過去九十日分のデータは、〇・〇五前後の数値を示しています。[14] これは福島各地の線量よりもずっと低いですが、仙台市内の方が福島各地より安全であることを科学的に証明するものではありません。九月十一日午後三時過ぎ、仙台市役所前のモニタリングスポットの電光掲示は、〇・〇七一の数値を示していました。これは、仙台で毎日測定されている平均的数値よりも比較的高いと言えます。激しくふりそそいでいた雨がやんだあとの数値です。そばを通りすぎる通行人はだれも、その数字に目もくれません。たしかに、低線量被ばくが人体にあたえる影響については、学者のあいだで「科学的」意見がわかれていますが、[15] そうしたなかで、モニタリングスポットで示されたこれらの数字に知らず知らずのうちにわたしたちが慣らされていく仕組みが働いていています。その仕組みのなかでやっていくしかない現実があります。しかしそれでも、「だいじなもの」「たいせつなもの」を見うしなってはなりません。

---

(13)「郡山市放射線量測定結果」参照（*https://www.city.koriyama.lg.jp/bosai_bohan_safecommunity/shinsai_hoshasentaisaku/4/kuukannsokutei/9668.html*）。

(14)「仙台市空間放射線量測定結果」（*http://www.atmp-sendaicity.jp/*）参照。

(15) ジェイ・マーティン・グールド著、肥田舜太郎他訳『低線量内部被曝の脅威―原子炉周辺の健康破壊と疫学的立証の記録』緑風出版、二〇一一年。

第一章　「だいじなもの」、「たいせつなもの」

(一)　自分の足もとから一歩を踏みだすこころみ—図工授業協力—

あらがいがたいほどわたしたちにまとわりついている社会の強固な仕組みから脱却することは困難ですが、それを目ざすことは可能です。自分自身のサイズと自前の人間観と世界観で人びととつながり、自分の足もとから一歩を踏みだす方法があります。それが、以下述べる「図工授業協力」活動参加です。この種の活動をとおして、日本社会のいろいろな側面が見えてきます。

兵庫県南部大地震ボランティアセンターの一行四名とわたしは、飯舘村立草野・飯樋・臼石小学校（〒九六〇—一八〇三　福島県相馬郡飯舘村伊丹沢字山田三八〇番地）を訪ねました。これらの小学校へは、ＪＲ福島駅付近から、かつて絹織物で栄えた川俣町を経由して、車で一時間半ほどです。学校ホームページには、「学校生活のようす」が紹介され、下記の言葉が「木育1」「木育2」として写真付きで記されています。[16]

先日、組み木作りを行いました。組み木のボランティアの方々が来て下さり、木の話や組み木デザインの話を聞きました。電動のこぎりでの実践も見せていただき使い方も覚えることができました。一人一人にボランティアの方がついてくださり、安全に作業を進めることができました。電動のこぎりの順番待ちもなく、自分の思いをもって作品作りだけに集中することができ、まさに少人数教育の良さが表れていた時間でした。物作りをするということは、子ども達にとって楽しかったようです。

緑に囲まれている現在の飯舘村立草野・飯樋・臼石小学校の生徒数は二十六名―まさに「五十二の瞳」―です。校舎の床や壁にはブナやスギなどの木が使用され、木の香りが豊かにただよっています。生徒たちは木のなかにいる自分を再発見し、木を相手に作業をおこない、木に自分の魂を打ちこむ作業を楽しみました。生徒たちは毎朝、学校で用意されたバスを使って通学し、帰りもバスを使います。「おはよう、学校に行こう！」と声をかけられ、生徒は家族に「行ってきまぁーす！」と告げます。家族が「行ってらっしゃぁーい！」と答えます。こうした目に見えるつながりは、いじめの発生をおさえることに役だちます。教頭は朝六時に生徒をむかえに行きます。実際、六月三日夕刻、福島市内で行われた打ち合わせ会では、福島市内から自家用車で一時間半もかけて通勤する教頭は「いじめはない」と証言していました。こういうてまひまのかかる共働的な取り組みと日常的な労苦の積み重ねは、いじめがおきている日本各地の小中学校にたいして良いヒントとなります。それはまた、「ともに生きること」をかかげるキリスト教会の宣教の協働の働きにたいしても良いヒントとなるにちがいありません。

わたしたち一行は、四・五年生四名（男・女各二名）を対象に、『小黒三郎の組み木』（大月書店、一九八五年）にしたがって、組み木デザイン、デザイン張り付け、電気糸鋸による切りとり作業などの組み木製作の指導をおこないました。昨年も飯舘を訪ね、小黒三郎氏が直接指導し、大好評でした。わたしは電気糸鋸などさわったことさえありませんでした。それでも、恥をかくまいとして、わたしは見よう見まねで「そうそう、ゆっくりと、力をぬいて、落ちついて、けがをしないように」などと偉そうに指導しました。参加生徒はそれぞれ思い思いの動物図案を描き、それを板に張りつけ、電気糸鋸で切りとり、組み木作品を仕あげました。

作業前、生徒たちは、人間の暮らしに必要不可欠なものとして身近に使用されている木の種類、存在価値、意味にかんするレクチャーを菅澤邦明牧師（日本基督教団西宮公同教会）から受けました。そして、生徒たちは、自分の手足を動かしておこなう作業をとおして、自然に囲まれて生きていることの喜びを自分で表現することを学びました。これは、たんなる技術修得の実地学習ではありません。学習は、たんなる知識の集積でもありません。物事を知り、それを自分の体であじわい、自分で体験しなおしていき、まわりとの関係性に気づかされていくことのプロセス全体が、学習です。それが、学ぶということです。それはまた、自分自身もまた自然の一部として存在することをあたえられていることへの気づきをともないます。その気づきが他者への思いやりを育てます。その思いやりは、「共存・共生」への意識を深めてくれます。

特別授業のしめくくりとして、『森の絵本』（長田弘・作、荒井良二・絵、講談社、一九九八年第一刷）がひとりひとりに語り聞かせるように、ゆっくりと朗読されました。森のどこかで呼ぶ声がします。「だいじなものは　なんですか？　なんですか？」という声が聞こえます。小さな声です。澄んだ声です。姿が見えない声です。わたしたちにとって、「だいじなもの」「たいせつなもの」はなにかを考えさせられます。それは、青い空、風が運んでくる日の光、ゆっくり流れていく川の水の輝き、たくさん咲きみだれている花々、子どもたちのはずんだ明るい笑い声、なんべんも読んでもらった本、部屋の窓から見た夜空、希望を数えるように数えた星の数々、無くしてはいけない夢、好きな人の手を握って感じるあたたかさ、天にまで届きそうな大きな木、あの静けさ、朝、昼、夜、眠り、夏、秋、冬、春…。

創世記一・三十一は、これらのことを簡潔に言いあらわしています。「神は、創造したものをすべてじっと見た。そして見よ、それは大いに良かった。夕となった。そして朝となった。第六日」。古代人は、神が創造したもの（creation）はすべて「大いに良かった」と讃嘆しています。この創造信仰は、「共存・共生」への意思を駆りたててくれます。「神の像」としての尊厳をあたえられているはずのわたしたち自身が、これらの大切なものが今の時代ではわかりにくくなっています。そういう意味でも、現行教育をあらためて考えなおす時機に来ています。飯舘訪問による共同学習から、自然を破壊しつづけ、たがいの「共存・共生」の形をともに十分には創造できていない倫理的機能不全状態におちいった社会システムと、それを補強する現行教育の仕組みがすけて見えてきます。

(二)　現行教育とキリスト教との構造的類比

政府は今、狩猟社会（Society 1.0）、農耕社会（Society 2.0）、工業社会（Society 3.0）、情報社会（Society 4.0）につづいて、インターネットや人工知能（AＩ）などの最新テクノロジーを活用した便利な社会の実現を目ざす「Society 5.0」を成長戦略としてかかげています。教育がそういう方向へと大きくかたむいています。もとめられているのは、いろいろな異なる人間存在ではなく、成果をもたらす能力のある「人材」です。のんびりしていられない時代になりつつあります。政治的発言などをするのではなく、従順な者として同じ方向へ進むことがもとめられているわけです。教育現場では、スポーツ熱狂と同じ方向で、「アクティヴ・ラーニング」をおこない、チームワークを身につけることなどが文部科学省から要請されています。人のことも考えて行動する感覚を身につけるとか、双方向的な教育をとおして知識を身につけると言えば、聞こえはいいですが、学ぶという人間的な労力に成果が要求されています。自由に体験的に学ぶ喜び、物を知ることの大切さがせばめられ、人と差をつける能力主義的価値体系に教育が組みこまれています。返済利子付き奨学金制度や教育ローン制度で大学進学希望者の人生が抵当にいれられ、教育現場はすでに市場化されています。老人も子供も、被災者も病人も今や、金もうけの手段とされています。人間存在が金でむしばまれている時代でもあります。これは「共存・共生」から遠くかけはなれた事態です。

残念ながら、キリスト教界もこのような現行教育の有様と構造的に似ている面がありま す。「教団信仰告白や使徒信条をきっちり口でとなえていない者はいないか」「聖礼典を軽んじている者はいないか」「教団規則をないがしろにしている者はいないか」[17]などと圧力をかけ、文言としての信条をとなえさせ、不均一に生きている人間をひとつにしようとしているからです。「共存・共生」は、そのような強圧的手法になじみません。既成のキリスト教の外側にいる人たちは、それをおそろしいと感じています。わたしの担当する一年次必修科目「キリスト教学」の教科書として用いられた拙著の第一弾（『「新」キリスト教入門(1)』）にたいして、出席していた一年生の学生から次のような感想が寄せられています。

わたしがキリスト教内部の人間を怖いと思うことがある要因は、みんなが同じ方向にしかむいていないからだ。ほとんどがマニュアルのように同じような答えをだすこと、それを「良いもの」として疑わずに、こちらにおしつけるかのような態度が、わたしは苦手で恐ろしく感じていた。

キリスト教徒は、みんなで助けあう、共有するのがモットーだと読んでわかりましたが、逆に、共有しすぎて、すこしでも考え方のちがう者を疎外してしまう習慣がついたと思います。

これらは、立派なキリスト教批判です。異なる生き方やふるまいの自由を認めず、規則や儀礼や実践活動などで人びとを同じ方向にむけさせようとするキリスト教の手法はまさに、「Society 5.0」が目ざす「人材像」と本質的に変わりありません。それで本当にいいのでしょうか。キリスト教は、手ごたえを感じさせてくれる生き方を、神秘的にではなく、リアルに、はだざわり感のある「福音」の言葉として真剣に語るのではなかったのでしょうか。解放の神学者レオナルド・ボフが簡潔に述べていますように[18]、キリスト教の未来の担い手は、貧しい人たちや権力をもちえない人たちのあいだで知らないうちに新しく成長する「小さな種」にあると言わなければなりません。まかれた小さな種は水を得て、ほかの名前ではなく、おのずと自分自身の名前を語りだします。そういう水準の共同体を社会が志向せねばならないはずです。そういうビジョンをキリスト教は、バカにされながらも

―当然、そういうビジョンは「不合理」としてバカにされつづけるものなのです―、愚直なまでに展開すべきでしょう。「小さな種」を大切にするためには、てまひまがかかるものなのです。しかし、そういう姿勢こそ、「共存・共生」の相互扶助につながります。相互扶助を可能にする価値あることをともに創造する「共創原理」に立つことが、キリスト教の基本であり、キリスト教が現実社会から信頼される王道です。成績や従順度で生徒を価値づける現行教育―社会全体がそういう枠組で成りたっており、教育はそういう枠組みをささえる仕組みとなっていますー は、つきあいたくない人間とはつきあわないことを是とします。そこには、「共創原理」が働く余地はありません。それは、「不適合」と見なされる人間存在を排除する論理です。全員一丸をめざす現行の教育方法は、戦争へとつながっていく導火線です。全員一丸で他国に伍していこうとしたことの成れの果てが数々の戦争です。日本の近代史も今の状況も、そういう戦争を度外視しては語れないはずです。

---

(16) *http://www3.schoolweb.ne.jp/weblog/index.php?id=0710087.*

(17)「聖礼典」は、洗礼式と聖餐式のふたつをさしています。日本基督教団信仰告白（一九五四年十月二十六日第八回教団総会制定）には、「教会は・・・バプテスマと主の晩餐との聖礼典を執り行ひ・・・」と記されています。教団教規や各個教会規則では、教会員となるためにはバプテスマ（＝洗礼）を受けなければなりません。主の晩餐（＝聖餐式）は、イエスの苦難と死を想起し、イエスの生き方を身に負う献身を共有する儀礼です。

(18) レオナルド・ボフ著、石井健吾・伊能哲大共訳『教会、カリスマと権力』エンデルレ書店、一九八七年、一〇五頁（ポルトガル語の原著〈Leonardo Boff, *Igreja, Carisma e Poder*〉は一九八一年出版）。さらに、レオナルド・ボフはまた、「秘跡は、制度の伝達手段である。・・・教会は天上のできあいなどではなく、明白な歴史の所産で、しかも独自の仕方で、歴史上の出来事を同化する信仰の産物である」（一八一頁）とも述べ、教会の歴史性を認めます。なお、「解放の神学」をわたしは幅広く理解しています。物事を批判的に論じることは、一定の枠組みのなかに入れ子状態で収まっている事柄をとらえなおす作業であり、また、物事を抑圧的な枠組から解放することでもあります。それゆえ、こういう次元の「解放」の本来的意味は、中南米ではじまった「解放の神学」の「解放」にとどまりません。宣教の業も「解放」の働きです。教義や信条にこだわらない聖書批評学もまた、こういう解放的視点をもたらしてくれます。

第二章　日本起源のテロ行為

(一)　殺す論理と平和主義

アウグスティヌス（三五四―四三〇年）は、『神の国』（十九・七）において、正義の戦争に言及しています。賢人は、自分が人間であることを忘れていなければ、正義の戦争をおこなわなければならない必要性に直面させられている事実を嘆くであろうとアウグスティヌスは考えます。一国が他国を平和の名のもとに征服すると、流血の犠牲と破壊が残ります。それを見た者はちがった世界を待望するであろうとアウグスティヌスは考えるわけです。しかし、現在、世界各地にみられる流血の犠牲と破壊は、ちがった世界に目をむけさせるというよりも、人びとをますます混沌のなかにおとしいれつつあります。わたしたちが望む平和主義と安全な暮らしは、希望的観測の水準ではないと思われます。軍事戦略で衝突を解決しようとする軍事オタクのほうがよほど希望的観測に立っています。平和主義と安全な暮らしは、戦争であれ何であれ、人を殺すことは認められないという主張にもとづく生き方です。

戦争は基本的に人間存在にとって矛盾する事柄をふくんでいます。戦争にいくことは、相手と握手をするためにいくのではなく、殺しにいくことです。つまり、兵士は殺す側です。しかし、それと同時に、兵士は相手側に殺される側でもあります。そこには、「共存・共生」の原理は成りたたないのです。殺す側＝殺される側という等式は論理の矛盾ですが、それが戦争で成りたってしまうのです。[19] 国家の大義名分のもとにはなばなしく死ぬことは美しいとはわたしには思えません。結局は人間性も奪われます。女性兵士が兵役をおえて、子供を出産しても、自分の子供をだけないという事例もあります。また、兵士たちは、敵の兵士を前にして、目と目があえば、なかなか殺しにくいそうです。[20] このことと関連して思いおこされるのは、もとアメリカ兵の証言です。彼は、テロ対策で戦地に行かされましたが、そこで出あったのはテロリストではなく、ごく普通の男性たちであり、女性たちであり、子供たちでした。これこそ世界の現状を認識している当事者の現場の声です。キリスト者であれ非キリスト者であれ、そういう平和主義と連帯できるはずです。

二〇一二年年十月、パキスタンに住む少女ナビラ（当時、９歳）は、下校途中、おばあさんのお手伝いでオクラを摘みとっていました。テロ行為を働くイスラム過激派をひとり残らず排除する目的のためにアメリカ軍のドローン（無人航空機）がミサイルを放ちました。ミサイルは、オクラの摘みとり作業をしていた彼女たちの近くに着弾し、ナビラさんをふくむ七人の子供たちが負傷し、ナビラさんのおばあさんは亡くなりました。ナビラさんも家族もテロリストではありません。ナビラさんは、お兄さんと一緒に牛に水をやり、おばあさんは自宅前の菜園にでて、オクラを摘みとる作業をしていただけです。ドローンに積みこまれたカメラを通じて地上を見ていたアメリカの中央情報局（ＣＩＡ）は、ナビラさんたちをテロリストだと思いこんで、あやまって攻撃したのです。ナビラさんのお兄さんは、こう語っています。「おばあさんとぼくは晴れた日が好きでしたが、もはや青い空よりも灰色の曇り空を好むようになりました。だって、空が曇っている日なら、ドローンは飛べないから。空が灰色の間は、緊張や恐怖がしばらく遠のきますが、晴れ上がると、『ドローンがふたたびやってくるのでは』という恐怖もよみがえってしまうのです」。なんの関係もない人の日常生活を破壊するとは、「共存・共生」を否定するひどい話です。

ナビラさん一家を襲ったドローンは、パキスタンから遠く離れたアメリカ国内の基地で遠隔操作されていました。モニター画面を見ながら、指先一つで、人が殺されていくのです。地上から五キロメートルはなれているところからでも、ピンポイント攻撃できるそうです。軍の司令官は、ドローンの高性能をテレビ番組で強調し、「ドローンは広い範囲の攻撃には向いていませんが、人や車両をねらうには非常にすばらしい兵器です」「つねに世界中のどこかを飛んでいて、テロリストのいる上空に長い時間滞在し、標的を監視できるのです」と語っています。アメリカ政府関係者は、「二〇一〇年以降、ドローン攻撃によって市民が巻き添えになって亡くなったことはない」と述べていますが、それは、ナビラさん家族の被害体験が示しているように、事実に反します。ナビラさん一家にたいしては、謝罪の言葉はいっさいなく、なんの保証もありません。ナビラさんは、ドローン攻撃の被害とドローン攻撃の停止をアメリカ議会の公聴会で訴えましたが、四三五人の議員のうち、五人しか出席しませんでした。これはいかなる事態でしょうか。自国の兵士を危険にさらさないためにおこなわれるドローン軍事作戦は逆効果です。オバマ政権時代だけでも、パキスタン、イエメン、ソマリアなどで何百回にもおよぶドローン攻撃がおこなわれています。それでもテロリストたちは世界中からいなくなったわけではけっしてありません。ナビラさんは紛争の影響を受けて、避難民生活を余儀なくされました。そういうナビラさんと彼女のお父さんが二〇一五年、現代イスラム研究センターのまねきで来日しました。ドローン攻撃の被害の実態、その停止、教育を受けたいという切なる思いを訴えました。

ドローンのせいで私たちは勉強する時間まで奪われてしまいました。私たちの地元ではきちんとした教育を受ける環境がありませんから、しっかりとした教育を受けたいです。勉強がしたいです。戦争に大金を使うんだったら、そのお金を教育や学校に使うべきだと思います。攻撃と復讐をくりかえしても、解決には向かいません。復讐より話し合いで解決していくべきです。安易に戦争に向かっても、絶対に平和はやってきません。そのためにも教育を普及させたいのです。人権を無視されている人を守りたいのです（宮田律『ナビラとマララ 「対テロ戦争」に巻き込まれた二人の少女』（講談社、二〇一七年、三十七頁）。

空から地上の人間を攻撃するのではなく、地上の人間たちが未来を創りだせるように、教育にお金を投資すべきです。教育こそ若者に未来をあたえ、暴力を解決する力をあたえてくれます。しっかり学び、いろいろな知識をいつでも役だてることができるように心の引きだしをいくつももち、人の痛みへの想像力の翼をいつも広げていきましょう。そうすれば具体的になにができるかが見えてきます。その見えてくるものを「ビジョン」と言います。そのビジョンを思い描いて、このぶっこわれた人間社会の未来へのとびらを開いていきましょう。「平和を創りだす者たちは幸いである、彼らは神の子たちと呼ばれるからである」（マタイ五・九）というイエスの有名な言葉は、「共存・共生」へと導き、わたしたちを賢くする言葉です。

しかし、今の日本の姿を見ていると、教育界もふくめて、日本社会のあらゆる部分が平和主義とは異なる方向に飼い慣らされながら進んでいるように見うけられます。おどろくべきことは、ワシントンカレッジの国際関係論の専門家アンドリュー・L・オロス（Andrew L. Oros）が指摘するように、「ここまで日本の政治が変わった」ということではなく、こういう根本的な転換が派手な誇大広告なしに、あまり目だたずに、日常的な凡庸さのなかで表明されていることです。[21] その日常的な凡庸さと結びついているのが、スポーツの熱狂です。たとえば、前回サッカーワールドカップでは、試合開始前から「日本強し！」「日本頑張れ！」「調子をあげ、戦いに挑む！」「敵のチームの主力メンバー、ケガで欠場か？」などといった戦闘的メッセージをおくりつづけ、「日本は強い国である」という思いを国民の頭に刷りこみ、世のなかの潮流に「戦闘」―アクティヴに戦うこと―の価値を流しこんできました。これは、戦前の大本営発表と似ています。また、ラグビーワールドカップ二〇一九では、開催国の日本では、体格で強豪国に劣る日本チームの一糸乱れぬ全員一丸の〝ONE TEAM〟という姿勢にマスコミは賞賛をおくり、おおくの国民も日本チームの活躍に酔いしれ、勇気と感動をあたえられたということになっています。これらの盛りあがりが無意味であるとは思いませんが、日常の凡庸さのなかに一時的な熱狂が入りこんだとき、なにも変わらない過酷な現実があることをほんのすこしのあいだ忘れさせてくれます。しかし、その熱狂から目ざめた今、わたしたちが目をそむけることができないのは、台風や大雨にみまわれた各地の被災者たちがおかれた悲惨な状況です。被災地は想像を絶する甚大な被害を受けました。生活再建や地域再建にむけてのきびしい道のりが残されています。これから悲惨な状況がえんえんとつづきます。今や、日本のどこに住んでいても、確実に安全と言える場所はおおくないと思われます。まさに明日はわが身です。成り替わることができないと今感じている状況が、いつかは自分自身の身にもおよんでくるのです。

(二) 不名誉が名誉に変わるために

日本の倫理的機能不全状態が今にはじまったことではないことを認識させてくれる貴重な証拠資料が存在します。たとえば、コロンビア大学図書館所蔵デジタルコレクションを挙げることができます。そこには日本軍による残虐な行為を記録した文書『朝鮮独立運動

―一九一九年三月一日勃発』(Korean Independence Outbreak Beginning March 1)が収められています。同文書は、一九一九年四月十五日、堤岩里(チェアムリ)教会焼き打ちと虐殺を以下のように伝えています。

四月十五日早朝、なんにんかの日本兵が村にはいり、成人男性キリスト教徒と天道教信者たちは戒告を受けるためにと教会にあつまるようにと命令した。全部で男約二十三名がなにごとかと思いつつ命令どおりに教会に行き、席に着いた。血も涙もない日本兵たちはただちに教会を取り囲み、窓から発砲した。その大多数は殺され、あるいは重傷を負った。草ぶき屋根と木造の建物に火がつけられ、教会建物はすぐに燃えあがった。逃げようとする者たちもいたが、銃剣で突きさされ、あるいは射殺された。教会建物の外にあった六体の遺体は、うまく逃げることができなかった者たちの遺体であった。命令されて教会に赴いた男たちの妻二名は発砲の音にはっとして、兵士たちをかきわけてでも教会に行こうとしたが、無残にも殺害された。一人は十九歳で、銃剣で殺され、他は四十歳過ぎで、射殺された。二人ともキリスト教徒であった。兵士たちは村に火をつけ、その場を去った。

この事件は身の毛がよだつテロ行為です。柏木義円（安中教会牧師）は、『ジャパン・アドバタイザー』紙より『時事新報』に転載された記事にもとづいて、「朝鮮人虐殺の実況」と題する一文を寄せ（『上毛教界月報二四八号』一九一九年七月十五日）、日本の官憲当局による弾圧を批判しました。日本の近代史ではかならず言及される内村鑑三（一八六一―一九三〇年）は、「D・C・ベル宛書簡」（一九一九年八月四日付）において、この朝鮮人虐殺の大部分を「悪魔的機関」である「新聞の捏造」、つまり、「デッチあげ」と決めつけました。今日でさえ、三・一独立運動の際に引きおこされた朝鮮人弾圧を取りあげることを「反日史観」と見なす言説が一部にありますが、朝鮮半島にたいする植民地支配を歴史的に再検証することは、「反日史観」というよりもむしろ、学問的倫理にかかわる真摯な取り組みです。

米国側文書には、「日本側の倫理的機能不全―日本国政府及び日本国民の責任」（The Moral Failure of Japan in Korea: Responsibility of the Japanese Government and Nation）と題する報告もふくまれています。報告のなかで、ある新聞記者は「事態があちら朝鮮ではかなり悪化している。女性、子どもたちさえわが日本軍に殺されているという情報をもっているが、それを記事にするつもりはない」と言ったと伝えられています。政府は各紙にたいして、韓国事情をできるだけ報道しないようにという緊急の要求をだしていたそうです。マスコミは真実を報道し、事実を知らせ、そこから市民が立ちあがって物事が展開されていく仕方が、市民社会の基本です。しかし、市民を無知のままにしておくことを当時の政府は考えていたようです。こうした「倫理的機能不全」は、道徳的力が当時十分には働いていなかったことを意味します。

注目すべきことに、米国側文書は日本軍の残虐な行為を「テロリズム」と評しています。米国側文書では、虐殺を目撃した恐怖で精神が麻痺した村の少年は日本軍の行為を知らないと言い張りましたが、それこそテロリズムの成果であると述べられています。また、「異邦人が律法をもたずに自然に律法のもろもろの事柄をおこなう場合、律法をもたなくても、これらの者たちは自分自身にとって律法なのである」というパウロの有名な言葉（ローマの信徒への手紙［以下、ローマ］二・十四）の後半部分─「これらの者たちは自分自身にとって律法なのである」─が引用されています。「これらの者たち」を「どの日本兵も」と言いかえて、「どの日本兵も、自分自身にとって律法であった（Every Japanese soldier was a law unto himself）」と述べられています。英語表現としては、「どの日本兵も自分の思うとおりにした」という意味ですが、この言い方は律法の本質をついていると思います。

律法は、聖書の世界では、神のおきて、いましめそのものです。聖書の物語も言葉も、全体として神のいましめとして展開されているという印象を受けます。たとえば、「汝、殺すなかれ」とモーセの十戒（出エジプト二十・十三／申命五・十七）に記されています。これには願望がこめられています。「あなたは、神の前では、人を殺すことをしないであろうと神の側から願われ、期待されている」という趣旨です。わたしたちは、律法をそういう神のいましめとして、そのいましめのもとでおしだされるようにして生かされていく。おしつけられてではなく、おしだされるようにしていかようにも生かされるのです。その基本条件が、「殺さない」ということなのです。それが人間としての基本、たがいの共存の意思の合意です。しかし、律法は、上からおしつける強制的な規則や命令指示系統の命令になると、命をおびやかすことにもなりかねません。律法は、本来、命を生かすものですが、自分自身が律法になってしまうと、自分の思うとおりにふるまい、ほかの人の命をおびやかすことにもなります。律法はまさに、命と死の両方をふくんだ両刃の剣です。

「テロ」と言えば、他国でおきている「自爆テロ」がすぐに思いうかんできます。喜んで命を差しだす殉教精神が個人のふるまいにまで要求されだすと、とんでもないことになります。かつての日本がそうでした。現人神天皇のために命をすてることにより、英霊となり、永久に生きるとされました。海外メディアは、自爆テロを〝a kamikaze or a suicide bombing mission〟（＝カミカゼ、すなわち、〔相手も自分も爆死する〕爆弾自殺任務）と呼ぶこともあります。[22] わたしたちの戦争の負の遺産がこういう言い方で受けつがれていることは、記憶しておいていいことです。自爆テロの「テロ」という語は本来、恐怖と戦慄を引きおこす可能性のある暴力行為を意味します。[23] それは、その行為者の意図とは関係ありません。「テロリズム」は、一定の目的遂行のために恐怖が利用される戦略です。行為者と犠牲者との直接的な関係よりも、第三者におよぼす効果に意味があります。無差別の形の暴力行為が報道されてはじめて、その潜在的な力があきらかとなります。「テロ」が報道されればされるほど、「テロ」の脅威は人びとのあいだで意識されます。「テロ」は個人単位でも国家単位でも行使されてきました。また、ひとりの「テロリスト」は、別の「自由の闘士」ともなります。西側メディアは、非戦闘員にむけられた暴力行為を働く者にたいして「テロリスト」というレッテルを一方的に張る傾向があります。しかし、そういう考え方が中近東社会に直接適用できるとはかぎりません

たとえば、最近、アメリカ軍の攻撃で死亡が伝えられたイスラム国の指導者アブバクル・バグダディは、「ラマダン月におけるジハード戦士とウンマむけメッセージ」

（二〇一四年七月一日）において、テロリズムとは、欧米側の大義名分―文明、民主主義、自由、世俗主義、共存、平和など―に信をおかないこと、アッラーをたたえること、不信の輩への屈服と屈従を拒否すること、イスラムがイスラムとして生きることであると訴えています。このようなアブバクル・バグダディのテロ認識は、欧米側のそれとは根本的に異なる論理に立っています。欧米側は、自分たちの利益と人命をおびやかすイスラム国のテロ行為の撲滅に躍起になっていますが、イスラム国の指導者アブバクル・バグダディは、イスラム世界の人びとと暮らしが欧米側につねにおびやかされていると認識しています。「テロ」を論じる場合、だれにとっての「テロ」であるかを明確にしなければ、議論はかみあわなくなります。さらに、もう一点重要なことをつけくわえます。それは、〝Kamikaze〟という表現がイスラム過激派の側でも死語ではないということです。アブバクル・バグダディが米軍の急襲により死亡したとトランプ米国大統領は、二〇一九年十月二十七日、発表しました。アブバクル・バグダディの死にかんする欧米側の情報にたいして、イスラム国のメディア―そのなかのひとつが、〝Kamikaze〟と呼ばれているのです―は当初懐疑的でしたが、現在、彼の死を認めていると伝えられています。今後の報復テロが懸念されます。どこでテロがおきてもおかしくはないと考えられます。まさに、らせん状態で暴力の連鎖―共存・共生の原理の危機―がつづいています。

テロや暴力と言えば、イスラム世界にばかり目がいきがちですが、ほかの地域における独裁主義国家が暴力を働いている場合がおおいことを見おとしてはなりません。経済的・社会的要因にくわえて、民主的な構造が欠落した社会では、権力がひとり歩きし、おさえがきかなくなり、大量殺りくに走るおそれもあります。「権力は殺害行為をおこなう。独裁的権力は独裁的に殺害行為をおこなう」という側面をわれわれは認識しておく必要があります。戦争で死んだ人の数よりも、日常的に抑圧的政府の弾圧によって殺された人の数のほうがおおいと指摘する研究もあります[25]。つまり、戦争の犠牲者よりも、市民殺しの犠牲者のほうがおおいと言われています。いずれにせよ、国家テロであれ、個人テロであれ、これを正当化し、美化することはできません。今わたしたちは、「力」の論理をかかげるこの時代の潮流と混迷する国際情勢を冷静に観察しながら、どういう事態がおきているかを知り、わたしたちの将来のあり方を自分自身の頭で考える必要があります。

「われらは、平和を維持し、専制と隷従、圧迫と偏狭を地上から永遠に除去しようと努めてゐる国際社会において、名誉ある地位を占めたいと思ふ」と格調高く宣言している現行憲法前文に照らして言えば、かつての米国側の文書で指摘された「日本側の倫理的機能不全」は、今の日本側にとっては実に不名誉な言い方です。この不名誉を第二次世界大戦後に払拭してきたのでしょうか。たしかに、日本国が他国から尊敬されている部分はたくさんあります。しかし、近年の朝鮮半島情勢や中国との関係は、この不名誉の払拭にむけた努力がかならずしも相手方に十分だとは受けとめられていないことを示すものではないでしょうか。これが今後も日本の平和につながる重要な外交・政治課題であるだけではなく、市民社会を構成するわたしたちがたがいに共有できる倫理的生き方――「コモン・センス」――の問題ともなってきます。

（19） 小田実『「難死」の思想』（岩波現代文庫、二〇〇八年）を参照。

（20） 詳しくは、デーヴ・グロスマン著、安原和見訳『戦争における「人殺し」の心理学』（ちくま学芸文庫、二〇〇四年、二〇九―二一一頁）を参照。

（21） "Japan Moves to Permit Greater Use of Its Military," in *New York Times*, July 1, 2014.

（22） "Body of fifth Palestinian found after Israeli attack at sea," in *CNN*, June 8, 2010.

（23） Thomas Scheffler, "West-eastern Cultures of Fear: Violence and Terrorism in Islam," in *The Islamic World and the West: An Introduction to Political cultures and International Relations*, ed. Kai Hafez, Leiden: Brill, 2000, pp. 70-85.

（24） Abu Bakr Al-Baghdadi, "A Message to the Mujahideen and the Muslim Ummah in the Month of Ramadan," in *Middle East Research Institute*, July 1, 2014. この演説はウェブ上で閲覧できます。資金源もふくむイスラム国の仕組みや世界観については、ジェイソン・バーグ著『21世紀のイスラム過激派―アルカイダからイスラム国まで』（木村浩一訳、白水社、二〇一六年、九七―一二三頁）を参照。

（25）Rudolf Rummel, "Democracy, Power, Genocide and Mass Murder," in *Journal of Conflict Resolution 1: 3-26*, 1995.

第三章　不義の汚水溜めにバラの香水

(一)　被災地の現況から見えてくる「合理性」という不合理

二〇一九年六月三日〜四日、飯舘村を訪ねた際、あちこちで汚染土が大きな緑色のシートでおおわれていました。シートが周囲の山々の木々や草と調和する緑色であっても、中身は汚染土です。村の歌「夢大らかに」の一節に「山美しく　水清らかな」「今こそ手と手　固くつなぎて」とありますが、原発事故の影響で、握った手で温かさを伝えることのできる人間存在の姿がまばらになった飯舘村から、日本社会の不合理な状況とインチキな仕組みが見えてきます。飯舘村役場の「移住・定住促進対策課」において、畜産関係の復興状況、人口移動状況にかんする説明を受けました。移住・定住者には、家賃軽減や経済的補助などのさまざまな恩典がありますが、移住・定住が促進されているとは言いがたいものがあります。

一方、仙台市の中心街は、一見にぎやかです。しかし、それは表面的なにぎわいです。

県外の外部資本の店舗がどんどん進出しています。震災特需は、地元被災地をうるおすのではなく、外部に資本が流出する仕組みの経済です。仕事が増えても給料が上がらないのも、そのためです。安い労働力で復興があおられているのが現状です。二〇一九年十月二十四日発表の日本銀行仙台支店のホームページによれば、「経済の動き」は、「一部に弱めの動きがみられるものの、ゆるやかな回復を続けている。最終需要の動向をみると、個人消費は、雇用・所得環境の改善を背景に、底堅く推移している。また、設備投資は、横ばい圏内の動きとなっている。一方、公共投資や住宅投資は、高水準ながらも減少している。こうした中、生産は、横ばい圏内の動きとなっている。消費者物価（除く生鮮食品）は、前年を上回って推移している」とされています。要するに、経済は下降気味です。これは、以前発表された経済の「全体感」（二〇一二年十月十二日付）とはあきらかに異なります。そこでは震災特需による東北地域の経済回復が強調されていました。以下、『津川ニュース／東北・関東大地震・大津波ニュース』に掲載されたわたしの一文「『合理性』という不合理な基準」（二〇一二年十月二十八日付け）を再録します。当時と比べて、現況はけっして改善されていないことがわかるからです。

日銀発表の「全体感」（二〇一二年十月十二日付）によると、震災復旧工事関連で公共投資が大幅増加、国・地方公共団体による工事発注増加のため、請負金額は前年を大幅に上回った。設備投資も増加し、新規出店も見られた。個人消費は、百貨店、スーパー、コンビニエンスストアの八月の売上高は、残暑の影響もあり、品目によっては前年を下回った。乗用車販売は、エコカー補助金の受付終了の影響などにより前年を下回った。家電は、節電対応型白物家電や携帯情報端末の需要から堅調に推移し、旅行取扱高は増加した。住宅投資は、震災に伴う建替え需要から増加した。生産は、海外経済の減速もあり、全体として横ばいであった。消費者物価（除く生鮮食品）は前年を下回った。雇用情勢は回復していた。雇用保険被保険者数も増加した。企業倒産の件数と負債総額は前年を下回った。

順調に景気が推移していることを印象づけるこれらの分析は、あくまでもマクロ的な全体感であり、被災地においては、一個人としては実感しにくいものがあった。当時、仙台市の中心街は震災前から外部資本が導入され、震災以降は県外からはいってきた店が目についた。商店街を見て歩くだけでも、そういうことがすぐにわかったものである。しかし、どれだけ地元に金が落ちるか疑問である。実際、行政も資金的に力をいれていた東北物産店はあまりもうかっていなかった。それが当時の被災地の仙台の現状であった。当時でさえ、仙台をふくめ、東北各地が、金もうけの場として利用されていくことを実感させられたものである。ましてや、現在はそういう状況がますます顕著になりつつある。世のなかのすみずみにいたるまで、「売れてなんぼ」という経済の論理がまかりとおっている。経済の論理が人びとの生活感覚とどれくらい適合しているのかと疑問を感じざるをえない。

今や、人の生き方も、そのための土台を作る教育も、経済の論理に絡めとられているのが現状だ。今や「人間」は「にんげん」ではなく、「人材」であることが要求されてしまっている。「人間」が「物」と化している。経済的に自立して、うまく身を処してつつがなくやっていけないならば、その人自身の人生は「合理性に欠ける」と判断されてしまう冷たい世の中だ。経済的合理性をおしつける世のなかの不合理が、人を苦しめている。「合理性」という基準は、生身の人間の人生には不適合であり、まさしく「不合理」だ。人間が生きて行けるための社会システムではなく、適合しない人間をつぶしていく社会システムは、「経済」の名に値しない。ひとりひとりの人生が複雑である場合、上からの杓子定規には適合しにくいこともある。そういう「不適合」が、経済や行政の論理では、「合理性を欠く」とみなされる。

最近、原発事故に関連して、想定外をなくすことは不可能である以上、リスクを減らすことが課題であるという方向へと意思形成がなされつつある。実際、専門家たちがそういう意思形成に協力してしまっている。その一例が、先日美浜町の原子力安全システム研究所創立二十周年記念としておこなわれた社会心理学専門家の講演（「リスク学から見た想定問題—福島の経験をもとに」）である。その講演では「過酷なシナリオを想定したリスク管理」が提唱されたと伝えられている。しかし、この提唱は、これまでの原発依存の社会システムの維持の論理の表明でもある。原発の過酷事故はそれだけでも十分に人間の生命基盤を危機にさらすことを教えたはずなのに、そういう教訓がリスク管理の徹底という論理にすり替えられている。こういうすり替えの根底には、原発依存からの転換は「合理性」を欠くという判断が働いているようだ。国民の安全よりも、エネルギー戦略、企業の利潤追求、国家の軍事戦略が優先されてしまっている。沖縄のオスプレイ配備や米軍兵の婦女暴行もそういう問題だ。この国は、経済的・軍事的利益につながらなければ「不合理」とみなされる。こういう重大な問題は専門家たちにだけまかせてしまうと、いくらでもでたらめなものになることを、わたしはこれまでの発信文書をとおして訴えてきたつもりである。この国の方向を決めるのは、専門家や政治家や企業家ではなく、国民ひとりひとりであるはずだ。
社会の大きな力にあらがい、声をあげていく者は「不適合な者」とみなされがちである。しかし、これまでの歴史において、世のなかを変革する動きは「不適合な者」たちのあいだから生まれてきたことをわれわれは思いおこすべきであろう。「不適合」が、「合理性」という不合理な基準をおしかえし、変革する「力」である。

一般市民の暮らしでは経済的復興は実感しにくいものがあります。社会のあらゆる局面で、自己負担増という手を使って着々と、人を切りすてる棄民政策がすすめられています。年金問題もそのひとつです。この国は、市民からしぼりとるだけしぼりとって、あとは市民をすてていく。それと平行して、現憲法で保障されている生活権もあやしくなっていく情勢にあります。これでも「人間の国」と言えるでしょうか。危機にひんしているのは、全国各地の被災地だけではありません。北は北海道、南は沖縄にいたるまで、人間らしい生き方の中身と進むべき方向を模索しなければならない時機に来ています。今や生きる意味も宗教的教えも説いてはいけないかもしれません。むしろ、こういう破局的な時代においては、生きる意味を一緒に考えつづけなければならないはずです。

そのヒントとなるのが、「見失われた羊のたとえ」（ルカ十五・四／マタイ十八・十二）や「ブドウ園の労働者のたとえ」（マタイ二十・一―十六）です。人間社会では、利益や生産性につながらないことは、「合理性を欠く」と見なされます。「一」よりも「九十九」の重視――「九十九」を危険にさらしてまでも「一」をさがしもとめるとする「見失われた羊のたとえ」とはまったく逆方向の発想―が、世のなかの仕組みを動かしている政治の基本原理です。また、ろくに仕事もしていない「五時から組の人びと」を切りすてる手法―だれでも食っていけたらそれでよいとする「ブドウ園の労働者のたとえ」とは正反対のやり方―が、新自由主義経済の基本原理です。これらの原理に牛耳られている社会をささえているのは、「合理性」という基準です。しかし、この「合理性」が人びとを苦しめています。利益や生産性を重視する手法か、それとも、小ささにこだわる手法か。そのどちらが「共存・共生」の原理のもとで人間存在を尊重する世直しとなるかを今、真剣に考えなければならない時機をわたしたちはむかえています。合理性を基準とし、利益や生産性を追求することの限界は、わたしたちがこれまで経験してきたことではないでしょうか。大規模開発による町づくり経済や効率性を重んじるイノベーション、それと対応した人材育成や教育がうまくいく保証はありません。目に見える即効性に頼る小手先の手法は、持続力はありません。都市政策の専門家が指摘するように[26]、長い目で見れば、むしろ、じわじわと効いてくるような市民福祉―子育て支援や介護など―の充実が持続可能な幸福につながるのは理の当然と考えられます。そういうことが世直しの方策として望まれます。とにかく、幸福の中味をわたしたち自身が自分の頭で考えなくてはなりません。

(二)「これでいいのか」という倫理的問い

以下、これまた、『津門川ニュース／東北・関東大地震・大津波ニュース』に掲載されたわたしの一文「不義の汚水溜めにバラの香水を振りかけつづけている日本社会」（二〇一四年七月二十九日付）を再録します。この文書は現在の日本社会の現状にもあてはまるからです。この文書は全体として、「これでいいのか」という倫理的問いかけともなっています。今日のキリスト教には、神学的理屈ではなく、自分自身の言葉で発する倫理的問題提起がもとめられています。信者獲得をねらう宗教ビジネス感覚が働いた伝道戦略は、こういうまじめな課題とは異なる水準のものです。社会のなかのキリスト教は、「みんな神様に救われます」などといった類の軽いメッセージではなく、「共存・共生」のメッセージを「福音」として真剣に語らなければなりません。

三・一一以降から今にいたるまでの状況は、若い人たちの心に影を落としている。若い人たちは、社会の動向や政治に無関心でいるわけではない。

津波で家を失い、仮設住宅で暮らすおじとおばの不安定な精神状態を気づかい、訪問し、たわいない話をしてささえるやさしい学生がいる。原発はやめて欲しいと真剣に語る学生がいる。食の安全管理を厳しく問う学生がいる。少子高齢化対策と切りはなせない子育て支援の必要性を強く主張する学生がいる。失われた人間関係の回復に日本社会の再生の希望をたくす学生がいる。個人情報のずさんな管理の責任を問う学生がいる。クールジャパンや女性の管理職登用の増加などを成長戦略として政府がはなばなしくかかげているにもかかわらず、若い人たちは、安心して暮らせないわが国のでたらめな状況と殺伐とした空気に気づきつつある。生産性がないとされる人間存在が今、この近代社会からどんどんそぎ落とされていくのだ。これでも人間の国か。われわれを守るはずの国は永田町にも各都道府県の庁舎にもない。われわれが目にしているのは、だれも責任を取らないようにできている国の仕組みであって、人が生きていける人間の国ではない。秩序も正義も平和もどこかへ立ち去った感さえある。毎日流されるニュースは、日本社会が重大な事態に陥りつつあることを印象づけている。

最近、「新しい」という表現が大手をふって歩きだした。川内原発は、原子力規制委員会によって「新たな規制基準」を満たすと認められ、これにより、再稼働への道が開かれたことになる。原発再稼働のための「新しい規制基準」が、反対意見をおしかえすかのように、一種の印籠として機能している。「命を守れ」というまともな要求をかかげている者があとずさりさせられてしまうのだ。「新たな規制基準」は、「原発の安全」と同義語ではないはずだが、こうして「新たな規制基準」の下で「もう大丈夫」という意思形成にむけて物事は大きく動いている。手続き上、再稼働の最終的な承認は地元自治体にゆだねられている。薩摩川内市は再稼働承認の方向にある。一方、原発施設から三マイルほどのところに位置する人口約三万のいちき串木野市は、「新しい規制基準」を非現実的で実効性のないものとして再稼働反対の請願を出している。

例によって海外メディアは日本のメディア以上に再稼働中止を叫ぶ人びとの声をよく伝えている（〝Japanese Nuclear Plant Is First to Get Go-Ahead Under New

Rules," in *New York Times*, July 17, 2014)。原発なしに日本経済の繁栄はないとの立場に立つ日本政府側は、再稼働にむけて「新しい」という言葉をキーワードとして今後もかかげていくことになろう。しかし、グリーンピース関係者は、地域住民、とくに、高齢者や子ども、入院患者たちなどの安全が十分確保できていない「新しい規制基準」に異議をとなえている。こういう声が今や聞きとりにくくなっている。

たしかに、人間の知恵が組みたてた論理であるかぎり、原発再稼働をめぐる賛否双方の論理には限界もあろう。絶対的で永遠普遍の人間の論理はいまだに構築されていない。これまでの歴史においても、楽観主義に彩られたユートピア的論理のイデオロギーは結局成功しなかった。楽観主義では未来を見とおせないのである。人間は賢くもあり、賢くもない。事故後の関係各方面の専門家たちや政治家たちや評論家たちがいろいろな理屈を並べて奇妙奇天烈な弁証法を駆使したことは記憶に新しい。「直ちに健康に影響はない」「一〇〇ミリシーベルトまでは安全だ」「放射能をおそれすぎている」「だれも死んでいないでしょう」などと堂々と語るときの彼ら・彼女たちは、まるでちがった魂に見えたものだ。関心ある市民たちは「専門家たちや政治家たちや評論家たちは奇妙なことを言う」ことを知り、人間の識別方法を学んだにちがいない。

専門家たちや政治家たちや評論家たちには物事の本質から目を背ける知恵が働いていた。その点で彼ら・彼女たちは賢い。

　他方、自分自身の人間としての限界をわきまえていない点で、彼ら・彼女たちはあまり賢くない。彼ら・彼女たちは今なお、不義の汚水溜めにバラの香水[27]をふりかけつづけているように見受けられる。原発問題は、近代システムの根幹にかかわっており、人間の賢さの限界と科学の傲慢をあばき、事故後の処理、海洋や大地に拡散した放射能汚染にたいする対応は、日本に住む人びとだけではなく、人類共通の焦眉の課題ではなかったのか。

　次に、放射性物質で汚染された須賀川市で先祖代々の土地で農業をつづける樽川和也氏の真摯な倫理的告発を紹介します。福島県須賀川市は、福島第一原発から六十五キロメートルはなれています。樽川氏のお父さんは、栽培していたキャベツが出荷制限となり、自ら命を断ちました。お父さんは、彼に「おまえに農業を勧めたのはまちがっていた」「人が作ったものは必ずぶっ壊れんだ」などと話していたそうです。樽川氏のことを取りあげた衝撃的なドキュメンタリー映画『大地を受け継ぐ』（二〇一六年）は、十六歳から二十三歳までの東京の若者十一人が樽川氏の話を聞く様子を映しています。樽川氏は、農業をついだ理由、原発事故当時の様子、地面と足がはなれているお父さんの姿を目撃したときの様子、悲しみと悔しさ、福島の農作物が売れない厳しい現実を語ります。以下、映画のなかから樽川氏の発言を拾いあげていきます。

うぢのコメも、十一年のは放射能が最高値三十ベクレルぐれえあったの。規制値が五百ベクレル以下だったから十分に大丈夫な数値なんだけど。やっぱ口に入れるもんでしょう。俺も本当は食いだくねかった。まあ、よそで買うわけにもいがねから食いましたけど。

ただ、出荷すんのは、なんか悪いことしてる気がして。だから東京の人が、福島のは食いたくねえという気持ちは、よくわかる。こんなボロ原発あっとこの、わざわざ買って食いてえかえ。これは風評被害じゃねえよ。根も葉もないうわさが広まって売れねえのが風評被害だけど、じぇねえっしょ。根も葉もあんだから。現実に降ったんだよ、放射能が。

実際、コメは売れてますよ。外食産業とか病院とか、福島県産とわがんねえところで。表には出ねえだけで、すごい量が動いてんの。うまいから、福島のコメは。ねばりと甘みがあって。だから外食産業の人らは、いいみたいです。うまいコメを安く買えて。

原発事故の被害をこうむった生産者として語る樽川氏の言葉は、口先だけの「共存・共生」をかかげる現行社会のカラクリをあばいています。大地を受けつぐ人のまともな言葉です。人間の怒りと苦悩の言葉です。理不尽なことにたいする真摯な倫理的告発です。わたしたちの心にぐさりと突きささります。『大地を受け継ぐ』では、ふりしぼるようにして発せられていく樽川氏の言葉にじっと耳をかたむけ、若者たちは、涙が頬を伝いながら重く受けとめています。樽川氏の怒りはさらにつづきます。

節目だとかなんかそういう風に、周りは言ってってっけど、うちらからしたらたーだ月日が五年流れただけでぇ。五年たって、怒りだけです、込みあげるのは。どこが安全でクリーンなエネルギーなんだい?　これ。バカじゃねえの?　この国は。情けねえ国だ。この国に生まれたがらしょうがねえけど。

声をあげる人がいねがったら、この国は変な方向にすすむでしょ？　また。親父にあたえられた宿題っていうか、宿命なのがなと思って…

樽川氏の深刻な話を聞いても、結局、みんなもとの生活に戻っていくではないかという指摘もあります。しかし、都会とはまったく異なる生活空間にいる樽川氏が真剣に語った言葉は、聞きつづけた若い人たちの人生に刻印され、なんらかの形で、いつか思いおこされます。そのようにして、時間をかけながら、彼ら・彼女たちが事の理非のわかる市民となっていくとわたしは信じています。目の前の海岸線にではなく、そのずっと先にある大陸に目をあわせながら、未来につないでいく働きは、市民社会の基盤形成につながります。その効果は、即時にではなく、じわじわと効いてくるものです。

上記の樽川氏の一連の言葉で思いおこされるのが、「へりくだった人びとは、幸いである、その人たちは地を受けつぐであろう」（マタイ福音書五・五）というイエスの言葉です。「へりくだった人びと」という表現は、ヘブライ語聖書の詩篇三十七・十一、ギリシア語訳旧約聖書（ＬＸＸ詩編）三十六・十一、そして、死海文書にふくまれる詩篇注解テクスト（4QpPs37）[28]にもきっちりと伝承されていますから、重要な表現としてぶれることなく長年語りつがれてきたと言えます。ここで「へりくだった人びと」と訳されている単語（プラエイス）は、ヘブライ語の「アナーウィーム」という語に相当します。社会的に立場が低い、貧しい、抑圧されている、低くされている、痛めつけられている、ぺしゃんこにされている、などといったニュアンスがあります。そういう人たちこそ大地を受けつぐことが約束され、祝福されて当然です。そういう約束と祝福はそのまま、この大地でぺしゃんこになりながらも弱さをたがいにおぎないあう働きへの招きとして解することができます。これは絵空事ではなく現実的なことです。このイエスの美しい言葉は、「代々受けついできた土地を捨てるわけにはいかない」という樽川氏の言葉と時空をこえて直結しています。ぺしゃんこにされながらも、大地にたいする農家としてのほこりをすてない樽川氏の思いと、社会的にひどい目にあっている人たちを祝福するイエスの言葉はたがいによくひびきあいます。

二〇一八年七月十四日、新潟県立環境と人間のふれあい館において、新潟水俣病患者の語り部、小町ゆみ子氏の証言に耳をかたむける機会がありました。雄大な阿賀野川の自然の恩恵を受けて育てられた結果が水俣病であるというのは、あまりにも理不尽です。水俣病をみずからの身にかかえていることを再発見させられ、それを意に反して背負わされつづけているのです。人間の作った未完成の科学技術がもたらした水銀汚染の食物連鎖できた公害病は、差別や偏見の連鎖をも生みだしました。語り部が「ひとりひとりが自然を大切に守ることが大切です」と強調したとき、そこには静かな原理的な怒りがこめられているように聞こえました。新潟水俣病弁護団長をつとめた坂東克彦弁護士から直接、新潟大学人文学部講義資料をいただきました。そこにこう記されています。

現場こそ最良の教師なり　野に出て宝物を探せ　宝物は見つかるかもしれないし見つからないかもしれない　見つからなくてもよいであろう　諸君らは宝物以上の物を得るであろう　おのれの感性に忠実であれ　おのれのポリシーを構築せよ　その道のプロになれ　希望を失わず　光を見出せ　Good Luck!

これは若者にむけられた言葉ですが、老若男女に共有できる「コモン・センス」の根幹を見事に言いあらわしています。坂東弁護士の良心の戦いの跡がひしひしと伝わってきます。「共存・共生」にもとづく「コモン・センス」、人間が人間であることの共通の良識が欠落すれば、環境破壊、貧困、暴力などはますますひどくなります。

(三)「世間が見ているんだぞ!」という倫理的プレッシャー

東京電力福島第一原発事故刑事裁判は、事故発生から八年になる二〇一九年三月十二日、結審しました。二〇一七年六月三十日第一回公判以来、予見可能性などが争点でした。二〇一九年九月十九日、業務上過失致死傷罪で強制起訴された東電旧経営陣三被告にたいする無罪判決が言いわたされました。「東日本大震災の大津波を予見し、対策を講じて事故を避けることは難しかった」と東京地裁は判断しました。炉心溶融や水素爆発までおきた深刻な大事故でした。避難生活者の数、事故がもたらした各方面にたいする重大な結果を考慮にいれるならば、だれひとり責任を問われない判決は納得がいかないと感じる市民はおおいはずです。この判決は、放射能汚染によって生業をうばわれた人びとや、意に反して避難生活を強いられている人びとを愚弄しています。これでは亡くなられた方々は浮かばれません。官房長官は、記者会見において無罪判決に言及して、「個別の刑事訴訟にコメントは控える。事故の教訓を踏まえて、二度と事故がおきないようにするのが政府の役割だ」「各電力会社は地震や津波への備えや対策を抜本的に強化した」などと述べています。為政者側から発せられたこの発言は、被災者たちには冷たくひびきます。安全管理責任をまじめに問うているのに、電気事業者の最高経営層が「想定できなかった」ことを理由におとがめなしとされています。これは、立場ある人間に認められている日本社会の神秘的な特権です。無罪判決と官房長官の発言には、「共存・共生」の意思を感じることができません。生活再建を可能にする社会基盤を被災者とともに創る「共創」の意思も感じられません。無罪判決によって真実がゆがめられていることにたいする嘆きと怒りは、記者会見における告訴団団長（武藤類子氏）の発言に集約されています。

今日の裁判について、残念の一言に尽きます。あれだけの証言や証拠がありながら「これでも罪を問えないのか」と、悔しい思いです。…この判決は、もっとも責任を取るべき人の責任を曖昧にし、二度と同じような事故が起きないように反省し、社会を変えていくことを阻むものだと思います。

この言葉は、事の理非を見わける市民たちにはよく理解されるはずです。ましてや、この嘆きと怒りは、真実をもとめる聖書の教えに学んで生きるキリスト教界の人びとの心にはよくひびくはずです。すくなくとも、聖書を愛読する良心的キリスト者は、そういう嘆きと怒りにたいして耳をふさぐことはしないでしょう。

日本社会では今、新元号の制定により新しい時代の到来があざとく演出され、同調圧力の空気が強化されつつあります。復興支援チャリティソングとして歌われる『花は咲く』は、同調圧力メッセージの典型です。「・・・誰かの歌が聞こえる　誰かを励ましてる　誰かの笑顔が見える　悲しみの向こう側に　花は　花は　花は咲く　いつか生まれる君に　花は　花は　花は咲く　わたしは何を残しただろう・・・」。わたし自身、笑顔や励ましを要求するこの歌のおしつけがましい歌詞そのものに耐えられません。仲間であることを強要されていると感じられるからです。仲間であることをたたえる社会の風潮がいかに欺瞞であることか。むしろ、もとめられるのは、「世間が見ているんだぞ！」（We are watching!）という倫理的プレッシャーであり、そして、この倫理的プレッシャーをかけつづけることです。東京電力福島第一原発事故刑事裁判の無罪判決をとおして、わたしたちはどういう時代のなかに身をおいているのかを再確認しておきたいものです。

㈣　科学と倫理あるいは宗教

一九九五年一月十七日の阪神淡路大震災―「兵庫南部大地震」という言い方のほうが地理的範囲を正確に表現しています―、および、二〇一一年三月十一日の東日本大震災は、恐るべき自然災害ですが、それと同時に科学技術災害としての側面があることを見落としてはなりません。テクノロジーを駆使した人間の作ったものがこわれたのです。テクネー（技術）が自然に合わせ、自然に学ぶことができていない実態が暴露されました。日本列島各地で甚大な被害をもたらしたそのほかの大地震、集中豪雨、水害、がけくずれなどは、人命をうばっただけではなく、生活基盤を破壊し、地域を一変させました。それでも、人間は、営々と復興作業をつづけます。「町の紋章」（池内紀編訳『カフカ短編集』岩波書店、二〇一二年、二二一―二二三）に描かれているとおりです。こういう自然災害にさらされるなか、科学のみならず、倫理あるいは宗教のあり方まで問われています。

放射能汚染にかんして、被災者に冷静さをもとめ、安全を科学的に説明しようとする科学者がいます。リスクコミュニケーションが不足しているから、放射能汚染にたいする不要な恐怖をいだくという言説を展開する者もいます。しかし、電力会社の企業責任を問わないまま、リスクコミュニケーションなどできるわけがありません。コミュニケーションの意味がわかっていません。対等な関係でおこなわれてこそ、コミュニケーションは効果的です。相手側は、コミュニケーションをこばむ権利があります。それが対等な関係です。「このままではとても不安だ」という悲壮感に謙虚に耳をかたむけることが、双方向的な真のリスクコミュニケーションです。人間が組みたてる論理―リスクコミュニケーション論もそのひとつ―には、どこかにごまかしが内在しています。また、学問自体、権力に接近する傾向があり、(29)自然災害が科学技術災害という様相をおびている現況に対応する学問的方法はまだ見いだされていないのです。なお、リスクコミュニケーション問題については、島薗進『原発と放射線被ばくの科学と倫理』（専修大学出版会、二〇一九年）が、資料を駆使して詳細に論じています。緻密な資料分析を展開している同書は、他分野からも評価されています。

わたしたちは、人間が制御できないほどの破壊力を手にいれて、生命の基盤をおびやかすにいたったことを原発事故から学びました。今後、市民社会の一翼をになう学生も、教育関係者も研究者も、政治指導者も、中高生も、小学生をふくむ子どもたちも、科学の破壊力をきっちりコントロールするだけの人文学的な英知、勇気ある判断力、人の痛みがわかる真の教養がもとめられているように思います。それから、最近毎年のように襲ってくる自然災害から学ぶべきこともあります。それは、大資本を投入して即効性をねらうハコモノ的な再開発から、無理のない福祉中心の街づくりへの転換が結局、持続可能な防災につながるということです。そして、なによりも重要なのは、文字どおり「地に打ち倒された」人びとを捨てないことです。これが、生身の人間存在の基本にかかわる「共存・共生」の原理です。それはまた、たがいにそこそこ食って生きていけることを美しいとする原理であり、安心して暮らせる社会の土台です。それを美しいと感じないところに、倫理の欠如があります。わたしは、いかなる人間もたがいにそこそこ食っていけるということの美しさを「光」と理解しています。その「光」は、特殊な宗教体験の意味での「光」ではありません。それはまた、宗教的比喩としての「光」でもありません。そういう神秘的な神々しい「光」についてなら、世界の諸宗教を広範囲に研究したルーマニアの宗教学者エリアーデが詳しく論じているように（宮地昭訳『エリアーデ著作集第六巻―悪魔と両性具有』せりか書房、一九七四年、十七―一〇一頁）、世界中にたくさんの実例を見つけることができます。しかし、そういうことを知っているだけでは、生きる力はわいてきません。干からびた知識では心の火種は燃えてきません。むしろ、倒れそうになりながらも倒れないでいる、何とかもちこたえている状態におかれ、周囲にささえられるとき、人は「光」のなかにあるとわたしは思うのです。

物理的にも精神的にもいやしがたいほど深い痛手をこうむった人間には、悲しむ時間と場所、ぼう然とせざるを得ない時間と場所が必要です。各地の被災者が人知れず流す重い涙が地面にそのまま落ちているにちがいないとわたしは想像します。「しっとりと、なみだを吸へる砂の玉、なみだは重きものにしあるかな」という石川啄木の『一握の砂』の一節を思いおこさずにはいられません（『明治文學全集52―石川啄木集』筑摩書房、一九六〇年、五頁）。愛する人を失って残された者にたいして、生きる意味を、傲慢にも教えるのではなく、むしろ一緒に考えましょう。そういうことのひとつひとつが社会全体の安心の基本です。「人間は、一生、人を愛し続ける必要がある。苦難の時期に人間に必要なのは、同じ人間である」と中世のユダヤ人学者マイモニデス（一一三五―一二〇四年）は言いました（A・J・ヘシェル著、森泉弘次訳『マイモニデス伝』教文館、二〇〇六年、二十九―三十頁）。これは、時の試練に耐えて残る立派な言葉です。今もとめられているのは、いろいろな苦しみをかかえる人びと同士の横のつながりです。それが人をささえる「共存・共生」です。

---

(26)　池田清『神戸―近代都市の過去・現在・未来』社会評論社、二〇一九年、二五〇―二五一頁。

(27)　「不義の汚水溜めにバラの香水」という意味深なレトリックは、社会の構造を深く洞察したキリスト教倫理学者ラインホールド・ニーバーから引用したものです。Reinhold Niebuhr, "Transvaluation of Values," in *Beyond Tragedy: Essays on the Christian interpretation of History*, New York: Charles Scribner's Sons, 1937, pp. 196-213.

（28） Ed. by James H. Charlesworth, *The Dead Sea Scrolls. Hebrew, Aramaic, and Greek Texts with English Translations. Volume 6b: Pesharim and Related Documents*, Tübingen: Mohr Siebeck, 2002, p. 10.

（29） 科学の問いなおしを喚起したH・モルゲンソー著『人間にとって科学とは何か』（神谷不二監訳、講談社現代新書、一九七五年）を参照。

第三部

本気じるしの塊たち

効果的なキリスト教批判や現実批判はいかにして展開可能でしょうか。まず考えられるのは、一定の学的水準を維持しながらの厳密な批判という方法です。この方法により、実に種々さまざまな学的成果がもたらされてきました。他方、こういう知的作業とはまったく対極にある形として、当事者が口頭で事実を突きつける非学術的方法もあります。イエス自身がモノを書かなかった以上、わたしは後者の方法を積極的に評価する立場に立っています。第三部では、感情や意思にもとづく発言でリアルに思いを伝え、長く記憶に残る尋常ならざる人生をおくった本気じるしの塊のような三名―ソジャーナー・トゥルース、フレデリック・ダグラス、布施辰治―を取りあげます。この三名は、突きささるような言葉で「共存・共生」のあり方を世に突きつけました。

第一章　ソジャーナー・トゥルース〜どん底から叫ぶ黒人女奴隷〜

奴隷身分出身のソジャーナー・トゥルース（一七九七?―一八八三年）の有名な演説「あたしゃ、女じゃないのかね?」は、以下のとおりです。

おやおや、おぼっちゃんたち！　これだけのさわぎじゃ、どうみてもまともな状態じゃないね。南部のニグロたちや北部にいる女たちのあいだじゃ、権利の話題でもちきりだよ。白人の男どもがそのうちすぐにこまっちまうよ。でも、一体なんのことなんだね、これだけうるさく言いやがってよ?

あっちのあの男が、女たちは馬車に乗るときゃ、手を貸してあげ、溝があればだきあげ、どこだって一番いい所を空けてあげなきゃ、とぬかしてやがる。このあたしゃ、馬車に乗るときに手を貸したり、どろどろの水溜りがあればだきあげたり、一番いい場所などくれるなんてことは、だれからもこれまで一度も、してもらったことがねぇーよ。するとあたしゃ、女じゃないのかね?　あたしを見てよ。あたしの腕を見てよ。あたしゃね、畑仕事や植えつけ作業をやってきたし、納屋に取りいれる作業もやってきたんだから、どの男だって、あたしの上を行かないだろうよ！　すると、あたしゃ、女じゃないのかね？　あたしゃ、男と同じくらい汗水流し、男と同じくらいがつがつ食えるんだよ、もっとも、食えるときのことだけど、それにむちまで食らって耐えているのさ！　すると、あたしゃ、女じゃないのかね？　あたしゃね、これまで子どもを十三人産んだんだよ。でも、ほとんど売り飛ばされて奴隷になっていくのを見てきたんだよ。それで、母親としての悲しみのあまり、出せるかぎりの声を出して叫んだのさ、でも、そのとき、だれも聞いてくれやしない、イエス以外はね！　すると、あたしゃ、女じゃないのかね？

それからよ、世間は、こういうことを頭のなかで話題にしてやがるんだ。これって、一体なんと呼んでいたかね？（聴衆のひとりから、「インテレクト＝知性」とのささやきあり）。それそれ、お前さん！　そんなことが、女たちの権利やニグロたちの権利となんの関係があるのかね？　あたしのコップに1パイント（＝〇・五七リットル）しか入らなくて、あんたのには一クォート（＝二パイント）入るとしてもだよ、あたしのたった半分の分をいっぱいにしてくれないなんて、きたねぇーじゃねぇーのか？

それからよ、あそこの黒い服を着た小柄の男、あいつが言うんだよ、女たちにゃ、男どもと同じだけの権利はないんだとさ、キリストは女ではなかったからだって！　キリストはどこから出てきたんだい？　神と女からだよ！　男はキリストとなんのかかわりもなかったんだよ。

　神が造ったあの最初の女がまったく自分ひとりでこの世界をひっくりかえせるほどの力があったんだから、ここに一緒にいる女たちは、それをもとに戻して、もう一度ちゃんとした状態にすることができるはずだよ。しかも、女たちはそうさせてほしいと言っているし、男どもはそうさせたほうがいいよ。

　あたしの話を聞いてくれて、本当にありがとうよ。さあ、ろくでもないソジャーナーは、これ以上言うことはなにもないよ。


　ソジャーナー・トゥルースは、学識のゆえにではなく、理不尽な奴隷制度の生の体験者かつ証言者として、みずからの悲惨な状況のどん底から批判の声を発しています。ソジャーナー・トゥルースは、あのキング牧師（一九二九―一九六八年）よりも百年以上も前に生きた奴隷身分出身者です。キング牧師は高等教育の恩恵に浴しましたが、ソジャーナー・トゥルースはそういう恩恵から遠くかけはなれたところに位置しています。それにもかかわらず、学問的訓練どころか、読み書きさえ習っていないソジャーナー・トゥルースの説得術は、高学歴のキング牧師のそれにけっして引けをとりません。

最初に、ニューヨーク出身の生まれながらの伝説的奴隷ソジャーナー・トゥルース(Sojourner Truth)—本名は、Isabella Van Wagener—の人となりを物語る興味深いエピソードを紹介します。(30) 彼女は、「ソジャーナー・トゥルース」(=寄留者・真理)の名前にふさわしく、各地を巡回し、奴隷廃止論と女性の権利を説きました。「寄留者」(「ソジャーナー」)と訳される「ゲール」は、現代ヘブライ語では「よそ者」「ユダヤ教に改宗した異邦人」の意ですが、(31) 旧約聖書の語法では、ヘブライ人社会の一員として共同生活をし、保護を必要とする「よそ者」(Fremdling)をさしています。(32) 過去をふりすてて、この印象深い名前を彼女が名乗ったのは、一八四三年であるとされています。このことは、彼女が熱狂的に終末を待望するミラー派の集会に参加するようになったことと関係しているようです。一八四三年は、ミラー派の創始者ウイリアム・ミラー(一七八二—一八四九年)が世界のおわりの到来の年と予言していました。(33) その過酷な境遇のゆえに、彼女が、邪悪な世界を終焉させて新しい世界をもたらすキリストの再臨を待望する熱狂的な宗教集団へと引かれていったのは、想像にかたくありません。

ソジャーナー・トゥルースは、インディアナ州での奴隷制度反対集会において、あつまった白人女性と男性たちの前で胸をさらけだし、自分が女であることを身をもって証明しました。そのとき、彼女は、恥も外聞もなく聴衆に面とむかって、自分自身が黒人女性に生まれてきたことにほこらしげであったと言われています。「あなたが実際に女だなんて思えない」という白人男性の反応は、はからずも、黒人女性にたいするアメリカ合衆国社会の侮辱と軽蔑を表明することになりました。十九世紀の一般白人から見ると、黒人女性は、女性の名に値せず、「共生」どころか「共存」さえしていない存在でした。黒人女性は、奴隷であり、物であり、家畜同然でした。そのことは、黒人男性の平等にかんしては不満が表明されても、黒人女性の権利にかんしては、ひと言も話題にのぼっていないとする彼女の言葉[34]にもよくあらわれています。

民衆の視座からアメリカ合衆国の歴史を記述したハワード・ジンは、黒人女性たちが受けてきた目に余る虐待の数々を具体的資料にもとづいて紹介しています。[35]ソジャーナー・トゥルースのような黒人女性たちは、三つのこえがたい障害をかかえていました。すなわち、奴隷制によって成りたつ社会のなかで奴隷廃止論者であること、改革支持者たちのなかで黒人であること、白人男性主導型の改革運動において女であること、の三つです。[36]これらの障害をおしかえすには、みずからの体験を事実としてつきつけるしかないでしょう。

ソジャーナー・トゥルースは、そういうことをみずからやって見せたのです。しかし、そのこころみが容易でなかったことは、言うまでもありません。男たちと同じくらいの肉体労働に従事しながら、男たちと同じ程度の賃金を支給されなかった奴隷としての四十年、嘲笑と軽蔑をあびせられた女性人権活動家としての四十年を経験した彼女は、死にゆくことを予感しながら、平等の権利を勝ちとるにはさらに四十年の年月を要すると声を張りあげました。[37] 彼女のその叫びは、聖書起源の「荒野の四十年」（民数十四・三十三、ヘブライ人への手紙三・十七）というおきまりの理念のみならず、キリスト教界でもてはやされているフォン・ヴァイツゼッカーの格調高い名演説「荒れ野の四十年」[38]の水準をもこえています。それは、民族単位でもなく、また、国民単位でもなく、〈紙を読む生活〉とは無縁のひとりの人間が体験してきた虚飾のない苦難のなかからの叫び、ゼロ以下の境遇からの叫びです。

一八五一年、オハイオ州アクロンで開催された女性の権利獲得運動の年次大会でのことです。やせこけた長身の体に鉛色の服を身にまとい、白いターバンを巻いたソジャーナー・トゥルースが聴衆の前に出たとき、黒人女性が演壇に立つことは不適切と考えていた女たちが「彼女にしゃべらせてはいけない！」と激しく抗議の声をあげました。その年次大会自体が、男性聖職者たちによって牛耳られていたのです。しかし、彼女はそれに耐えて発言しました。その結果、彼女は、黒人女性奴隷がおかれている状態に聴衆の注意をうながした最初期のフェミニストのひとりとなりました。黒人女性奴隷は、黒人男性とともに、どうにもならない情況の下で強制労働させられていました。黒人女性奴隷は、黒人男性と仕事量が同等である場合もあるといういつわらざる現実を生きていたのです。ソジャーナー・トゥルースが、ある白人男性聖職者のあとにつづいて演壇にあがったのは偶然ではありませんでした。実は、その白人男性聖職者は、男女平等の理念に反対する演説をおこなったのです。彼によれば、女は肉体的に見て生まれつき男よりも劣る弱い存在である以上、肉体労働を男と一緒に遂行できません。そう主張する彼とわたりあうために、彼女は、上記の演説「あたしゃ、女じゃないのかね？」をおこなった次第です。

読み書きができない彼女のこの短い演説がこれほどまでに支持され、今日にいたるまで語りつがれているのは、奴隷制度や女性参政権の問題の核心を的確にとらえているからです。そこには、黒人という人種の憤怒と女の憤怒が飾りのない言葉づかいで見事に結びあわせられています。彼女は、男たちと同じ水準で自分の肉体を酷使しながら食いつないできた実体験ゆえに、キリスト教男性聖職者の見え透いた男性優位の論理を明確に批判しています。また、男の肉体の力の論理が完膚なきままにくずれてしまうくらいの力が、ソジャーナー・トゥルースの演説には感じられます。彼女の演説はまた、女性聖職者に恵まれた働き口がすくない今日のキリスト教にたいする批判としても有効です。ベル・フックスが正しく指摘しているように、彼女は、自分自身の人生をとおして、女が男と同等に労働できること、親としての役割を果たせること、暴力に耐えて生き抜く力があることを証明しています。つまり、彼女は、女には、男に負けず劣らず「共存力」「共生力」「共創力」があることを証明したとも言えます。その点が、女性の人権を唱道するほかの大多数の白人女性たちと根本的に異なる点でしょう。彼女の勇気ある弁論は、政治に関心のあるほかの黒人女性たちの意見表明に道を開いたとされています。この演説を機に、女たちを女という社会的身分の領域に引きとどめる社会のあり方に女たち自身が抵抗しはじめ、囚人、精神異常者、黒人奴隷などの被抑圧者たちを弁護するいろいろな運動に女たちが参加するようになったわけです。彼女の演説は、「共存・共生」への叫びであり、招きでもあります。

---

(30) Ed. by Kai Wright, *The African-American Experience: Black History and Culture Through Speeches, Letters, Editorials, Poems, Songs, Stories*, New York: Black Dog & Leventhal Publishers, 2009,

pp. 212-213; bell hooks, *Ain'I A Woman?: black women and feminism*, South End Press, 1981, pp. 159-160. 演説の私訳に際しては、J・デイリー版（*Great Speeches by African Americans*, Dover Publications, 2006）を用いました。

（31）キリスト聖書塾編『現代ヘブライ語辞典』日本ヘブライ文化協会発行、二〇〇六年、六十八頁。

（32）申命十・十九、二十四・十九—二十など。Von Ludwig Koehler und Walter Baumgartner, *Hebräisches und Aramäisches Lexikon zum Alten Testament: Band 1, 3. Aufl.*, Leiden: Brill, 1995, s. 193.

（33）ミラー派については、下記の文献を参照。Frank S. Mead, Samuel S. Hill, Craig D. Atwood, *Handbook of Denominations in the United States, 12th edition*, Nashville: Abingdon Press, 2005, pp. 257f; *Encyclopedia of American Religious History: Revised Edition. Volume 2: M-Z*, Boston: Proseworks, 2001, pp. 441-442; Ed. by George H. Shriver and Bill J. Leonard, *Encyclopedia of Religious Controversies in the United States*, Westport, Connecticut: Greenwood Press, 1997, pp. 294-296.

（34）Howard Zinn, *A People's History of the United States: 1492-Present*, Harper Perennial Modern Classics, 1998, p. 202.

（35）Howard Zinn, *op. cit.*, pp. 103, 105-106, 347.

（36）Howard Zinn, *op. cit.*, pp. 184-185.

（37）Howard Zinn, *op. cit.*, pp. 202.

（38）フォン・ヴァイツゼッカー著、加藤常昭訳『荒れ野の四十年—和解と想起』教文館、一九八八年。

第二章　フレデリック・ダグラス君、君に花束を！

次に取りあげるフレデリック・ダグラス（一八一八―一八九五年）は、制度としてのキリスト教会の偽善的体質を正面から正しく批判しています。一八四五年、彼が二十七歳のときに出版された感動的な自叙伝[39]によると、彼自身はその波乱の生涯のいろいろな局面で何回か名前を変えています。母親からつけられた彼の名前は、「フレデリック・アウグストゥス・ワシントン・ベイリー」（Frederick Augustus Washington Bailey）でした。ボルチモアを出るときには「スタンリー」（Stanley）、ニューヨーク到着時には「フレデリック・ジョンソン」（Frederick Johnson）、そして、ニュー・ベドフォードでは「フレデリック・ダグラス」（Frederick Douglass）と名前が変わっていきます。[40]しかし、「フレデリック」だけは、変わらないままでした。フレデリック・ダグラスは、メリーランド州生まれの奴隷でした。そして、奴隷であっただけではなく、逃亡奴隷でした。奴隷にたいする虐待や搾取のすさまじさ、キリスト教という宗教が奴隷制度を補完する機能を果たしていたこと、ならびに、一度は未遂におわった彼自身の奇跡的な逃亡劇（一八三八年）などは、彼の半生をつづった自叙伝に克明に描かれています。彼の自叙伝は、たんなる苦労物語ではなく、奴隷制度を告発する物語です。それによると、彼の父親については、彼の白人の主人であるとのうわさがありました。主人であり父親でもあるという関係は、彼が述べているように、当時めずらしくありませんでした。彼は奴隷身分であるがゆえに、自分の年齢さえはっきりしていないのです。さらにおどろくべきことに、雄弁で知られる彼自身は、もともとＡＢＣのアルファベット文字さえ知りませんでした。彼は女主人から文字を習い、いろいろな制限にもめげず、かくれながらでも文字を書く練習をしました。板塀、煉瓦塀、舗道にチョークを使って字を書く練習をしました。いろいろな人びととのかかわりのなかで、単語をひとつひとつおぼえ、彼は、自分を取りまく世界、自分自身の奴隷としての立場がいかなる意味をもつかを知るようになります。そして逃亡後、もち前の雄弁と表現力を生かして、彼は、各地で聴衆を魅了する演説をおこないました。「奴隷にとって七月四日とはどういうものであるのか？」（〝What, to the Slave, is the Fourth of July?〟）と題する長い論文調の名演説は、一八五二年、ニューヨーク州ロチェスター市開催の独立記念日式典の場でおこなわれたものです。

以下にかかげるのは、奴隷制度のあやまりをきびしく糾弾する当該演説のなかで、とくに、キリスト教批判が前面に展開されていると思われる部分を抽出し、訳したものです。既存の訳[41]をあえて用いていないことをことわっておきます。フレデリック・ダグラスにとって、キリスト教は社会的弱者のための宗教ではなく、社会的有力者を守り、矛盾に満ちた社会システム（＝奴隷制）を維持する機能をはたしています。

…アメリカの奴隷にとって、みなさんの七月四日とはどういうものなのでしょうか。わたしが答えます。それは、一年のなかのほかのどの日よりも、はなはだしい不公平と虐待を奴隷に暴露する日です。奴隷は絶えずその犠牲になっているのです。奴隷にとって、みなさんの式典は茶番劇です。みなさんがほこりとする自由は不浄な放縦です。みなさんの国家の巨大さは思いあがった虚栄です。みなさんの歓喜のさわぎは空虚で、心がこもっていません。圧制者たちの告発は、厚顔無恥です。自由と平等をもとめるみなさんの叫びは、うわべだけで名実があいともなわないものです。みなさんの祈りと讃美歌、みなさんの説教と感謝の言葉は、あれだけ宗教的にいい気分になって厳粛さがあっても、奴隷にとっては、たんなる大言壮語、まやかし、ごまかし、不敬、ならびに、偽善―野蛮人の国家をはずかしめる犯罪をおおいかくす、うすいヴェールのようなもの―です。…

この国の教会は、奴隷として死んでいくという不当な取りあつかいに無関心なばかりか、それどころか抑圧者たちの味方をしています。教会がアメリカの奴隷制度のとりでになり、アメリカの奴隷捕獲人の盾になっています。教会のともし火として立つおおくの雄弁な聖職者たちが、破廉恥にも奴隷制度全体に、宗教と聖書のうしろ盾をあたえているのです。人間は当然ながら奴隷になることがあり、主人と奴隷の関係は神によってさだめられており、逃亡奴隷を主人に送りかえすのは、あきらかに、主イエス・キリストの信奉者たちの義務であると説教してきました。キリスト教の代わりに、このおそろしい冒とくを世間におしつけています。

フレデリック・ダグラスにとって、奴隷制度はいろいろな論理で説明すべきものではなく、根本的にそれがあやまりであるという立場に立っています。奴隷制が存在する以上、黒人は白人との「共存」も「共生」も認められず、そういう奴隷制をキリスト教はささえている宗教です。奴隷として生まれた彼自身の実体験から導き出されるその立場は、当然キリスト教批判と結びついています。自叙伝においても、彼は、「ある人びとは奴隷であるのに、ほかの人びとは主人であるというのはなぜか。現状がこういうふうではなかった時代がかつてあったであろうか。いかにしてこの関係がはじまったのか」と問いつつ、奴隷制度の真の原因は神の側にではなく人間の側にあるとして、その犯罪性を指摘しています。[42]それゆえに、奴隷制度を社会のシステムとして擁護する立場に立つキリスト教会のあり方が、彼によって厳しく非難されています。彼はまた、「わたしがこれまで出会ったすべての奴隷所有者たちのなかで、信心家たちがもっとも悪質だったからです。彼らがもっとも欲深く、もっとも下劣であった」[43]とさえ述べています。実に辛辣ですが、この言葉にも、奴隷制批判とキリスト教批判が結びあわされています。フレデリック・ダグラスにとって、奴隷制の残忍性を批判することは同時に、それを補強しているキリスト教の偽善を批判することにならざるをえません。逆に、制度としてのキリスト教のまやかしを批判することは同時に、それによってささえられている奴隷制のまやかしを批判することにならざるをえません。それがまた、彼の基本姿勢でもあります。そのような仕方で、宗教批判が非妥協的に現実批判となっているがゆえに、彼の演説は説得力があります。彼のキリスト教批判は、教会のいとなみの根幹にかかわる礼拝式のあり方にまでおよんでいます。[44]

わたしたちの国の教会が、(わずかな例外はありますが)、逃亡奴隷法を信仰の自由への宣戦布告と思わない事実は、教会が宗教をたんに礼拝の形式、口先だけの儀式と見なし、人間への積極的な慈悲、正義、愛、善意をもとめる極めて重要な原理と見なしていないことを示しています。慈悲よりも犠牲を、正しい行為よりも賛美歌斉唱を、実践的な正義よりも厳粛な礼拝を尊ぶのです。家のない者たちに避難所を提供し、餓える人びとにパンをあたえ、裸の者たちに衣類をあたえようとせず、これらのあわれみのおこないを禁じる法律の遵守を命じる人たちによって司式される礼拝など、呪いではあっても、人類への祝福ではありません。聖書は、こういう類の連中をすべて「律法学者、パリサイ人、偽善者…」と呼んでいます。

ここまで礼拝批判を徹底できたのは、いかにおごそかに執りおこなわれようとも、礼拝のような宗教儀式のもつ社会的機能が、奴隷であった彼の目にはよく見えているからであると言えます。儀式なるものが連帯感を生みだす神秘的効果があるとしても、被抑圧者側にとって、世のなかに存在する矛盾をおおいかくす宗教儀礼は、自分自身の世界とはまったく異なる別世界の次元のいとなみであるにちがいありません。この種のキリスト教批判は、礼拝の小手先の刷新をこころみている現今の体制派教会の体質にもよくあてはまります。

いずれにせよ、国家的あるいは政治的な意味あいをもつ宗教儀式をとりおこなう聖職者は、その動機がいかに純粋なものであろうとも、ピエロの役割をになわされることになります。聖職者たちは本来、福音を語るのであれば、「教会のともし火」であるはずです。しかし実際は、教会が奴隷制度の防波堤の役目を果たしている以上、その言論をとおして聖職者たちは、奴隷制度を聖書の言葉によって根拠づけ、奴隷制を擁護する働きをになうことになります。もっと端的に言えば、奴隷制度が社会をささえていた当時、聖職者であるということはそういう事態なのです。しかも、奴隷たちにとっては厄介なことですが、主人と奴隷との関係が神によって定められたとする聖職者たちのメッセージは、インディオ支配のために援用されたアリストテレスの「先天的奴隷人説」を想起させるものがあります。[45]しかし、そのメッセージの根拠自体は、聖書の文言から容易かつ豊富に引きだすことができます。旧約聖書から新約聖書にいたるまで、聖書における奴隷関連の言及をとおして、いかようにも解釈の幅を広げ、奴隷制度のイデオロギーを組みたてることもできます。とくに、ローマ帝国の奴隷制社会の論理を前提とする文言や、服従させる力をもつ権力に逆らわない生き方を説く文言は、新約聖書のいくつかの文書やそのほかの初期キリスト教諸文献に確認できます。

たとえば、「奴隷たちよ、キリストに対するように、持ち前のいちずな思いで、おそれとおののきをもって、肉による主人たちに聞き従いなさい」（エフェソ六・五）、「あなたたちは、王であれ、権威者であれ、すべて人間の創設物に、主のゆえに、服従しなさい…」（ペトロの手紙(1)二・十三）、「支配者たち、権威者たちに服従し…」（テトス三・一）、「すべての者は、上にそびえ立つ権威者たちに服従するべきである…」（ローマ十三・一以下）、「あなたがたを人民の王、支配者として認め、王者の権能にくわえて分別ある判断力をそなえた者たることが、人びとの眼に示されるよう祈ります」（ユスティノス『第一弁明』十七・三）[46]、「われわれは皇帝を、われらの主が選び給うた者として尊敬しなければならぬのである」（テルトゥリアヌス『護教論』三十三・二）[47]、「あなたは、勢力者たちを介して、この世のえんえんとつづく政治組織をはっきりとした形を取って現出させた…」（クレメンスの手紙―コリントのキリスト者へ（1）六十・一）[48]などを引きあいにだすことができます。これらの証拠資料には、ローマ社会の秩序に適合していく生き方を意識した政治的弁明が強く感じられます[49]。初期キリスト教は、支配者たちに従うことによって社会秩序の維持と安定をもとめたわけです。そういう政治的スタンスを保持したのは、政治権力が人びとの生活に肌身に感じるほどの影響力をもっていたからでもあると言えるでしょう。たしかに、初期キリスト教において実践された、権力に逆らわない従順な生き方は、イエスの生き方とはまったく異なります。しかし、そういう生き方は、支配と被支配という枠組みとともに、後代にいたるまできっちり継承されていきます。

アメリカ合衆国の場合、支配と被支配という枠組み、および、権力に逆らわない従順な生き方はキリスト教によって根拠づけられ、奴隷社会体制を擁護する論理として機能するようになりました。たとえ教会の代表者たる聖職者たちが「共存」「共生」を説いても、それは奴隷制度擁護のメッセージとして語られます。その結果、奴隷制度はますます強化されていきます。さらに、フレデリック・ダグラスは必然的に、批判の矛先を学識ある神学者たちにむけていきます。彼らは「神によって聖職に召された」と言っておきながら、米国社会のシステムをささえる奴隷制度を守る側にまわり、「神のおきてよりも人間のおきてを優先して守らねばならない」と教えていると批判されています。こういう聖書[50]からのものと思われる効果的なレトリックの使用は、フレデリック・ダグラスの演説の根幹をなしています。これは、敵として認識する相手側が熟知した聖書の言葉づかいで相手の問題点を指摘していく高度な説得術と言えます。信仰の基準として標榜する聖書の教えにみずからそむいている彼らを「イエス・キリストの永続的な模範であり代表」として支持できないとするフレデリック・ダグラスは、彼らの敬虔という名の神への冒とくに落胆していたことでしょう。

こういう落胆は、人間をふみにじる暴力的なシステムに異議をとなえてきた後代の人びとも経験してきたことでもあります。たとえば、フレデリック・ダグラスよりは一世紀後の人物で、キング牧師と同世代の稀有な市民運動家Ｄ・デリンジャー氏も、そのひとりです。彼は、キリスト教倫理を学として築きあげたユニオン神学校の有名教授ラインホールド・ニーバーの授業に参加しました。しかし、イェール大学で研究者としての将来を嘱望されたほど頭脳明晰な彼は、ニーバーに失望しました。というのは、ニーバーは、徴兵拒否などの態度を「ユートピア的」と言って非難したからです。学生たちがそのことで監獄へ護送されていくとき、礼拝堂での説教のなかで、ニーバーは、「キリストの原理に従うひとりの教師として自分が犯した最大の失敗は、キリスト教の現実（リアリティ）というものを彼らに教えることができなかった」と語ったと伝えられています。フレデリック・ダグラスの演説のキリスト教批判の趣旨にもよく合致するので、ニーバーにたいするＤ・デリンジャー氏の失望を表明した部分の言葉を以下紹介します[51]。

・・・ラインホールドは神を「まったくの他者」と見るようになっていた。神がわたしたちにあたえた逃れられぬ「原罪」という、彼自身の（そして、ほかのすべての人の）

重荷に苦しみ、悩んでいるというのに、彼は、神を、はるか遠くはなれた、近づきがたい、基本的には未知の、経験できない君主だとした。ニーバーによれば、神とは、知ることも問うことも許されぬ神ご自身の理由によって、わたしたちが精神の面で貧者であるように運命づけられた、というのだ。これを聞いて、わたしは、地上の王たちが奴隷たちに運命づけた物質面での貧しさのことをすぐに連想した。支配層によって、奴隷は君主の権限を受けいれ、君主を崇拝すべきだとされていたように、「ライニー」（ラインホールド・ニーバーのこと）も、すべての真のクリスチャンは、王なる神をあがめねばならぬ、と目をむき、声を荒だてるのだった。神は不可解、不可知であり、またわたしたちはその罪によって打ちひしがれているにもかかわらず、しかし最後には神は、その神聖なる恩寵によって、われらに救済をあたえてくださるのだ、と彼は言う。

神学者たちのおおくがみずからの人生のリスクをかけてまで、世のなかの変革――「共存・共生・共創」にむかうこと――に貢献できる位置にかならずしも立っているわけではないことは、いつの世においても変わりないでしょう。アメリカ合衆国の政治思想に深い影響をあたえた当時の花形教授ニーバーほどの重要人物もまた、その例外ではありえなかったのです。彼は、イエスの実行しがたい倫理的な言葉を「不可能の可能性」と評しましたが、(52)その説明では、現実社会の諸課題に取りくむ姿勢を生みだすどころか、なにもしないですむ論理にかたむくおそれさえあるでしょう。机上の学は、いかに精緻な論に立脚しようとも、「共存・共生」の実践には結びつきにくいものです。机上の学からは、「そんなことをしても意味ないよ、得にならないよ、いい目をできませんよ」という本音のメッセージが甘い誘いの言葉として聞こえてきそうです。

いずれにせよ、フレデリック・ダグラスのキリスト教批判は、教会批判、礼拝批判、聖職者批判、神学者批判と広範囲におよび、そのいずれもが奴隷制批判と結びついているだけではなく、前項で紹介したソジャーナー・トゥルースの場合と同様、真理を探究しているはずの学者たちの理論的枠組みや主張をはるかにしのぐ説得力と迫力があります。学者の理論的枠組みは、外側からの観察から生みだされるかぎり、世のなかの諸制度を支配する権力にむしろ近いとも言えます。手を変え品を変えて生みだされる学者たちの理論的構築物は、「共生・共存」を必要とする人間の現実の前では、説得力を失います。学問的な構築物は、事柄の便利な枠づけ以上のものではなく、それだけでは事柄を十分に把握しているとは言えないでしょう。人間のありのままの現実体験のほうが、聖書テクストの厳密な学問的解釈に先行し、今日のキリスト教にたいする実りおおい批判的言説を生みだすきっかけを提供してくれるにちがいないと期待されます。

(39) 日本語訳は、「ある黒人奴隷の半生」(刈田元司訳)という題で出版されています(『世界ノンフィクション全集三十九』筑摩書房、一九六三年、三―一〇九頁)。
(40) Frederick Douglass, Narrative of the Life of Frederick Douglass, An American Slave, in *Frederick Douglass: Autobiographies*, The Library of America, 1994, p. 93.
(41) 荒このみ訳『アメリカの黒人演説集―キング・マルコムX・モリスン他』岩波書店、二〇〇八年、七十二―七十三頁、八十三―八十七頁。私訳は、Jデイリー版に拠ります(Ed, by James Daley, *op. cit.*, pp. 23, 27.)。
(42) Howard Zinn, *op. cit.*, pp. 180-181.
(43) Frederick Douglass, *op. cit.*, p. 68.
(44) Ed. by James Daley, *op. cit.*, p. 27.
(45) この問題と具体的史料にかんする考証については、『アリストテレスとアメリカンインディアン』(L・ハンケ著、佐々木昭夫訳、岩波書店、一九七四年)に詳しく紹介されています。
(46) 柴田有訳『キリスト教教父著作集二』教文館、一九九二年、三十四頁。
(47) 鈴木一郎訳『キリスト教教父著作集十四』教文館、一九八七年、八十一頁。
(48) Karl Bihlmeyer, *Die Apostolischen Väter. Erster Teil*, Tübingen: Paul Siebeck, 1924, s. 67.
(49) Heikki Räisänen, *The Rise of Christian Beliefs: The Thought World of Early Christians*, Minneapolis: Fortress Press, 2010, pp. 295-6.

（50）使徒言行録五・二十九には、「人間よりも神に従うべきである」と記されています。
（51）D・デリンジャー著、吉川勇一訳『「アメリカ」が知らないアメリカ―反戦・非暴力のわが回想』藤原書店、一九九七年、八十七―八十九頁。
（52）Reinhold Niebuhr, *An Interpretation of Christian Ethics*, New York: The Seabury Press, 1979.

第三章　布施辰治～「世界は義人の擁護者！」～

不景気風にあおられて、生活難ゆえに窃盗事件や無銭飲食が激発していた時代の裁判を紹介します。一九三〇年（昭和五年）のことです。「五円」の金を盗んだ動機を被告は、裁判官の前で述べました。昭和五年の「五円」です。

裁判官、私がこの窃盗の罪を犯して手に入れた五円の金を何に使ったとお思いですか。警察でも言ったとおり、その五円の金で米を買い、炭を買い、醤油を買い、二日も食わずにいる子どもたちに、食事を整えた余りの三円を、明日は追い立てるという家主に、家賃を一部支払っているのです。これが一体裁判官にどのように見えますか。私がこれだけのことをしなかったなら、住んでいる家は執行官に追い立てられ、餓死したかもしれないのでした。父としての私、一家の責任者としての私が、窃盗をした罪でたとえ八ヶ月の懲役にやられようと、私の子どもたちに義務を尽くしたことを喜んで、刑に服しますが、私がいない後の子どもたちを餓死させないようにしてくださるでしょうね（『郭清』二十巻五号、十二―十三頁）。

この被告が盗んだとされる五円という金額は、当時のどれくらいの価値になるのでしょうか。この被告は失業者でした。彼の生活難は、失業の結果でした。この被告の弁明は、世のなかの不合理と不条理に鋭く切りこみ、そこにぐさりと突きささる言葉です。「共存・共生」の枠外におかれ、必死で食いつなごうとしてきたこの被告の叫びは、裁判官も判事も傍聴者も涙なしには聞くことはできない突きささる言葉です。

わたしは、この裁判の事例を布施辰治（一八八〇―一九五三年）の書いた文章から知りました。「飢餓におはるる無産者」と題して一九三〇年に発表された文章です。布施辰治は宮城県牡鹿郡蛇田村（現在の石巻市）の農家に生まれ、後に検事・弁護士・社会運動家として活躍し、三鷹事件や松川事件など戦後の重大事件も担当しました。彼の墓碑銘には、「生くべくんば民衆とともに、死すべくんば民衆のために」とあります。布施辰治は一九〇二年、判事検事登用試験に合格後、宇都宮地裁に配属されました。しかし、彼は、犯罪に走る人たちのやむにやまれぬ現実を考慮して、不起訴処分を連発します。これは検事としての職務にふさわしくありません。そのことを先輩検事からも指摘されます。布施辰治は、こういう事件を担当しました。家の主人が酒におぼれ、めかけを家に連れこんで、妻とともに子どもをいじめぬきました。妻は、自殺を考えました。めかけのところにいる三人の子どもとともに、井戸に身を投げいれ、心中をはかりました。井戸の水がすくないため、それが不成功におわりました。母親は殺人未遂で起訴されました。布施辰治の倫理観からすれば、この事件にたいする刑罰が九年以下にならないことに納得がいきませんでした。そこで彼は、司法官試補の職を辞したのです。そのときの思いを次のように書きました。一九〇二年春のことです。

抛職の歌

白州に立ちし罪人も
まこと迷（まよい）を悔（くい）し時
いともあわれの人の子よ
あゝ今なんのとがありや
法規おかせるつみとがは
背にむちするの無惨なる
あゝ無惨なる

虎狼のなすなるわが職を
　あゝ予（よ）は抛（す）てんいざ抛（す）てん

　こういう本気じるしの塊のような人間がいたのです。この「抛職の歌」も、人を冷たく切りすてる今のわたしたちの社会に切りこむ突きささる言葉です。検事職を虎狼のなす残忍非道の仕事とする布施辰治は、たしかに検事としてはふさわしくない人でした。けれども、人間としては正しいこと、まともなことをしたとわたしは思います。布施辰治の生き方の源泉は、トルストイの平和主義やヴィクトル・ユーゴーの人道主義的思想にあります。投獄中にもそれに深く傾倒しました。布施辰治は、社会的弱者にたいする弾圧をおしかえすことに情熱をかたむけました。布施辰治は、日蓮正宗の寺に葬られていますが、キリスト教の洗礼を受けています。実は、彼は死ぬ前、「僕はクリスチャンの洗礼を受けたんですよ。それもただの洗礼ではなく、宗教神学校に入学したんですからね」と語っています。「宗教神学校」とは、神田ニコライ堂付設ハリストス正教会神学校のことです。彼は当初宗教家をこころざしました。しかし、入学前の儀式として入学志願者の年長者として代表して祈祷をささげるように校長から言われたとき、彼は「私は信仰の浅い者です。他の志願者は年少でも熱心な信者です。私はその後について祈祷はしますが、先に立つのは良心に反します」と答えて辞退しました。入学は許可されましたが、神学校を去りました。入学即退学という快挙です。

一九二三年九月、関東大震災がおこりました。布施辰治は、関東大震災後の朝鮮人虐殺について次のように発言しました。

考えれば考えるほど恐ろしい人生の悲劇です。あまりにも過酷な悲劇でした。特に、朝鮮から来た同胞の最後を考えるとき、私には哀悼の言葉もありません。また、どのような言葉で追悼したとしても、朝鮮の同胞六千の霊は浮かばれないでしょう。彼らを悲しむ千万の追悼の言葉を並べても、彼らの無念に充ちた最後を追悼することはできないでしょう（李圭洙（イ・ギュス）「布施辰治の韓国認識」『布施辰治と朝鮮』総和社、二〇〇八年、二〇八頁）。

実は、布施辰治は、朴烈とともに大逆罪で検挙され、死刑判決を受け、二十三歳の若さで宇都宮刑務所栃木支所で獄死した金子文子（一九〇三―一九二六年）のために尽力したことで知られています。死刑判決は、関東大震災時（一九二三年）の朝鮮人虐殺を正当化する意図があったと指摘されています[53]。布施辰治は、金子文子の遺体が仮埋葬された刑務所共同墓地を掘りおこして、遺骨を朝鮮の朴家の墓地に埋葬しなおしたのです。「世界は義人の擁護者！」（ソロモンの知恵十六・十七）を地で行く働きをした布施辰治は今なお記憶され、一方、理不尽な仕打ちを過酷な境遇の子ども時代から受けつづけてきた金子文子は約百年後の今でもよみがえるのです。

布施辰治は、『朝鮮日報』と『東亜日報』に「日本人として、全ての朝鮮同胞に、朝鮮人虐殺問題にたいして心からの謝罪を表明し、自責を痛感します」と謝罪文をおくっています。韓国の放送局は『日本人シンドラー布施辰治』という番組を制作し、韓国政府は、建国勲章を布施辰治に授与しました。布施辰治は、日本人初のこの名誉ある賞の受章者です。日本人として二番目の受章者が上述の金子文子です。羅鐘一（ナジョンイル）大使は、「他国民を愛するものこそ自国民を愛することができる。布施こそ日本の愛国者である。この勲章の授与は韓日発展を祈念する韓国民の誓いである」と述べました。「共存・共生」を目ざし、平和の「共創」をとおして世界に貢献すべき日韓両国の関係が緊張状態にある現在、この大使の重みのある言葉がもっとも必要とされているのではないでしょうか。

（53）吉田千草「制作協力報告―布施辰治と金子文子　八・一五特集ドキュメンタリー　朝鮮独立の隠れた主役　日本人独立闘士たち」『明治大学図書館紀要十六号』（二〇一二年三月三十一日、一〇九―一一八頁）を参照。金子文子の人生を赤裸々につづった獄中手記『何が私をこうさせたか』（岩波文庫、二〇一七年）は、ひとりの人間はその存在が消し去られようとも実在は残ることを強烈に印象づける自叙伝です。

第四部

聖書の健全な読み方～「愛」をもって読む～

本書が「キリスト入門」と銘打っている以上、ここで、聖書の読み方を三例取りあげます。もちろん、絶対的な正しい読み方や解釈が存在するわけではありません。しかし、聖書は世界的に見ても影響力のある書物[54]であるだけに、これぐらいのことは了解しておくべきだとわたしが考える基本事項を簡単に類型化して説明します。上述のアウグスティヌスは、『キリストの教え』(*De doctrina Christiana*) —三九七年成立—において、「聖書の目的」にかんして、こう述べています。

そこで聖書全体をあるいはせめてその一部なりとも自分で理解できたと思っている人はだれでも、聖書を理解することによって、その人が神と隣人に対するふたつの愛を建てるところまでいかないとしたら、まだ聖書を理解したとは言えない。けれどもこのような愛を建てるのに役立つような思想を聖書から引き出した人は、聖書記者がそう考えたに相違ないと言えないまでも、ひどく誤っているわけではないし、ましてや人を欺くようなことはけっしてしない・・・(『キリスト教の教え』三十六章)[55]。

しかし、わたしたちはここで、アウグスティヌスの言葉を金科玉条の答えとして結論のようにもちだして安心するのではなく、ここから出発して、聖書は、その翻訳の再検証もふくめて、みずからの聖書理解を問いなおさなければならないのです。それはまた、聖書を「神の言葉」としてかかげ、種々さまざまな言語に訳し、世界中に頒布してきたキリスト教の社会的・歴史的責任であると認識すべきです。書物としての聖書が「共存・共生」と根本的に矛盾する同性愛蔑視をふくむ訳表現をふくんだまま世界中に広まっているというおそろしい事態にたいして、キリスト教側の責任は大きいと言わなければなりません。そういう訳語の意味や歴史的文脈もふくめて、世にたいして説明責任を果たさなければならないのは、キリスト教側です。

（54）日本聖書協会ホームページ（*https://www.bible.or.jp/soc/soc15.html*）で公開されている全世界の聖書翻訳言語の総数は、二〇一二年十二月三十一日現在、二五五一というおどろくべき数字です。二〇一五年度、聖書（旧新約合本）は世界でおよそ三千四百万冊頒布されています（二〇一九年七月二十二日閲覧）。

（55）加藤武訳「キリストの教え」『アウグスティヌス著作集六』（教文館、一九八八年、七十一—七十二頁）。

第一章　文脈的読み方

聖書が同性愛を攻撃する材料を数おおく提供しているとは言えません。それにもかかわらず、「聖書にそう書いてある」―この言い方自体が典型的なファンダメンタリズムですが、リベラルなキリスト者たちの心のなかにも深く刻印されています―と言わんばかりに、聖書は同性愛を批判しているとキリスト教は思いこまされてきました。これは、偏見以外のなにものでもないのです。同性愛批判としてよく引きあいにだされる聖書箇所のひとつが、レビ二十・十三―「女と寝るように男と寝る者は、ふたりは忌むべきことをしたのであり、かならず死にいたらしめられる」―です。この言葉を時代錯誤的に同性愛者に適用し、公共の施設内で同性愛者に聞こえるように読みあげたキリスト者のグループもいました。そのことは、「府中青年の家裁判」の判決文でも明記されています。[56] こういう水準のキリスト者がいることは恥ずかしいかぎりです。「共存・共生」のひとかけらもありません。

この言葉にかんしては、ユダヤ人聖書学者ジェイコブ・ミルグロム（一九二三―二〇一〇年）が「聖書をいかにして読むべきか」（How to Read the Bible）ではなく、その逆の発想で、「聖書をいかにして読むべきではないか」（How not to Read the Bible）という観点を提供し、現代世界に通じる言葉で同性愛にたいする自身の明確な姿勢を表明しています。レビ記という古代文書が適用された文脈をふまえ、そのなかの言葉を現代の同性愛禁止論に適用することの不合理をミルグロムが指摘している点は重要です。

わたしはホモセクシュアリティを支持しない。しかし、わたしは、ホモセクシュアルの人たちを支持する。わたしは彼らの苦境—のけ者あつかいされている彼らの社会的地位、職場や軍隊における差別待遇—に心を痛める。しかし、聖書を曲解して神を彼らの敵とする場合、わたしは声を大にして、証拠をありのままに伝えなければならない。わたしは、レビ二十章から引きだされる結論はひとつしかないというわたしの主張にもどる。それはこういうことである。同性愛にたいする禁止規定はユダヤ人男性と聖地に居住する者たちに限定されている。禁止の根拠は、わたしが述べたように、出産の必要性である。そして、その必要性は、聖書時代では種を無駄にすることと正反対のことである。(57)

一方、汚れという宗教観念ではなく、男根と武器との同一視という観点から、レビ記における男同士の性交への恐怖は理解できるとする説があります。ロナルド・E・ロング（ニューヨーク市立大学）は、『クィア聖書注解』に寄せた序説において、「受け身役にする」という発想が「性交」を意味する今日の種々の卑俗表現―「fuck」「screw」「shag」など―のなかで永続するイデオロギーとなっていることに注意をうながしています。[58] これは上述のミルグロムの良心的な姿勢とは別に、一考に値すると言えます。兵士一団の一人の男性にペニスを挿入することは、その肉体をおびやかし、政治的支配・被支配関係におくことになります。勃起したペニスを武器と見立てた軍隊文化においては、性交が社会的上下関係であるという観念が働きます。戦争は、ペニスを挿入された側を見るも無残な哀れな存在にし、受け身的にします。実際、敵側の女たちに性的暴行をくわえることは、相手をひるませ、力をうばう強力な武力行使です。また、男たちに性的暴行をくわえることは、彼らを軟弱にし、卑屈な仕方で言いなりにさせる効果があり、戦争の勝利を確定する最後の仕上げとなります。こういうクィア的観点から明らかにされる暴力と性との深い結びつきは、聖書に依拠した同性愛蔑視にたいする反論の形成に寄与することが期待されます。同性愛たたきの論理は、それ自体、性的マイノリティという人間存在をたたきつぶす恐怖の武力行使であり、クィア的観点はその武装解除を目ざしているのです。それだけでも十分、クィア的観点の構築は、平和を創りだす「共存・共生・共創」の営みであるとも言えるのです。

もうひとつ、同性愛批判の聖書的根拠として引き合いにだされるのが、紀元後五十年代前半にさかのぼると想定されるパウロの第一コリント六・九―十一です。

それとも、不義なるものたちが神の国を受けつぐことはないであろうことをあなたたちは知らないのか。まどわされてはならない。不品行者たち、偶像礼拝者たち、姦淫者たち、柔弱な者たち、男と床をともにする者たち、盗人たち、貪欲な者たち、飲んだくれたち、罵倒する者たち、略奪者たちは、神の国を受け継ぐことはないであろう。

「柔弱な者たち」にたいして「男娼となる者」、「男と床をともにする者たち」にたいして「男色をする者」といった訳表現が、「礼拝での朗読にふさわしい、格調高く美しい日本語訳」というふれこみの最新の聖書協会共同訳（二〇一八年）において使用されています。「男娼となる者」、「男色をする者」などの表現が、果たして「礼拝での朗読にふさわしい、格調高く美しい日本語訳」でしょうか。これは同性愛蔑視もはなはだしいと言うべきです。ほかの日本語訳の大部分も、ほかの外国語諸訳も基本的には同工異曲です。[59]「男娼となる者」は「マラコイ」、「男色をする者」は「アルセノコイタイ」の訳語ですが、これではあまりにも大雑把です。あえて直訳すれば、前者の「マラコイ」は、「やわらかさ」や「弱さ」などのイメージをふくんでおり、「柔弱な者たち」と訳したほうがより適切と考えられます。しかし、この語は意味の範囲がかなり広いことに注意しなくてはなりません。「マラコイ」を一様に「男娼となる者」と訳すことには、問題があります。後者の「アルセノコイタイ」は、直訳すれば、「男と床をともにする者たち」となります。しかし、辞書の語義説明や定義にしたがった直訳表現が、事柄の実態を忠実に言いあらわしているとはかぎりません。

むしろ、これらの語が使用されている状況を考慮にいれ、ローマ帝国の奴隷制社会の広い文脈でとらえなおし、経済的搾取と結びついた性的行為の強要を読みとることができるとクィア聖書学者デイル・マーティンが主張しています[60]。これは、言葉を社会的文脈のなかでとらえなおしている点で、重要な指摘です。デイル・マーティンが注意をうながしているように、「同性愛禁止」と結びつけて解釈される傾向のある上述の二語は、第一コリント六・九―十においては、ほかの悪徳―不品行、偶像礼拝、姦淫、窃盗、貪欲、酩酊、罵倒、略奪―とともに列挙されています。それと同様の列挙のされ方が聖書以外のほかの文献資料―ヨハネ行伝、シュビラの託宣など―にも散見されます。たとえば、「アルセノコイタイ」は、ヨハネ行伝三六では、富や権力、ぜいたく、殺人、魔術、迷信などをいましめる文脈のなかに設定されています。これらのことが経済と結びついていることは想像にかたくないでしょう。つまり、同性愛だけをやり玉にあげるような仕方で、「アルセノコイタイ」のことが言及されているわけではありません。

また、デイル・マーティンは直接言及していないようですが、アドルフ・ダイスマン（一八六六―一九三七年）が「マラコス」―「マラコイ」の単数形―について興味深い用例を紹介しています。[61]アドルフ・ダイスマンは、新約聖書において使用されているギリシア語がヘレニズム世界の通俗ギリシア語であったことを証明したドイツプロテスタント神学者です。紀元前約二四五年にさかのぼるエジプトのパピルス文書―ヴィクトリア大学博物館（トロント）所蔵―は、ミイラを包装するために使用されたそうです。その内容は、デモフォンから友人プトレマイオスへあてた手紙です。そこから裕福な家族の生活ぶりの一端がうかがえます。犠牲の祭りに際して、犠牲の儀式には欠かせない笛吹きなどの演奏者、フルート、太鼓、シンバルなどの楽器をおくること、そして、「柔弱な者（malakos）ゼノビウス」をおくることがもとめられています。ゼノビウスにはできるだけきれいな服を着せなければならないとされています。アドルフ・ダイスマンは、ゼノビウスのような演奏家は食い扶持をなんとかして得るためにみだらなことに関係していたと推測しています。その推測が当たっているとしても、重要なことは、性的搾取の構造がそういう生業を成りたたせているという認識です。言語学的分析に腐心してばかりいるのではなく、これらの語を古代エジプト社会やローマ帝国の奴隷制社会の文脈でとらえなおし、経済的搾取と結びついた性的行為の強要[62]を想定してはじめて、「真空パック」のなかにはない、外気にふれたナマモノとしての言葉に出あうのでないでしょうか。

ウェストファール『精神医学資料』（一八七〇年）以来、「同性愛」が心理学的・精神医学的・病理学的範疇としてあつかわれるようになったことをフランスの哲学者ミシェル・フーコー（一九二六―一九八四年）は指摘しています。[63]実際、心理学の影響下で二十世紀半ばくらいから、同性愛蔑視の訳表現（sexual perverts）などが影響力のある英語訳聖書に忍びこんできました。聖書翻訳には、同性愛を病的傾向であると見なす同性愛有害論のイデオロギーがからんでいます。上述のように、これらの同性愛蔑視の訳表現をふくんだ聖書が、「神の言葉」として全世界に無責任に大量に頒布されているのです。[64]「聖書にそう書いてある」式の言い方により、医学と結びついた同性愛蔑視の破壊的イデオロギーを強迫観念として人びとの心に注入しつづけてきたキリスト教には、弁解の余地がありません。

（56）注三参照。

（57）Jacob Milgrom, *The Anchor Bible: Leviticus 17-22. A New Translation with Introduction and Commentary*, New York: Doubelday, 2000, pp. 1789-1790.

（58）Ronald E. Long, "Introduction: Disarming Biblically Based Gay-Bashing," in ed. by Deryn Guest, Robert E. Goss, Mona West, Thomas Bohache, *The Queer Bible Commentary*, SCM Press, 2015, p. 7.

（59）種々さまざまな訳例は、キリスト教学校教育同盟東北・北海道地区教育研究集会における筆者の講演（「お題目から共感・共苦への転換―キリスト教教育の倫理―」）の改訂版原稿―六十七頁分におよぶ大部な講演資料―に紹介されています。

（60）Dale Martin, "Arsenokoitēs and Malakos," in *op. cit.*, pp. 37-50.

（61）ギリシア語テクストの復元と解説は、Adolf Deissmann, *Light from the Ancient East: The New Testament Illustrated by Recently Discovered Texts of the Graeco-Roman World*, Grand rapids: Baker Book House, 1965, pp. 164-166.

（62）Dale Martin, *op. cit.*, pp. 37-50.

（63）ミシェル・フーコー著『性の歴史Ｉ　知への意志』（渡辺守章訳）新潮社、一九八六年、

五十五―五十六頁。同『性の歴史Ⅱ　快楽の活用』（田村俶訳）、新潮社、一九八六年初版、二十四頁。

（64）　注五四。

第二章　理性的読み方

「同性愛指向は生まれつきではなく、環境によって作られる」という論理があります。たとえば、こういう趣旨の発言です。ここには、セジウィックが指摘したように（注六六）、巧妙に時間をかけて刷りこまれた同性愛蔑視が深くからみついているように思います[65]。

同性愛指向は生まれつきではなく、環境によって作られる。社会は今、同性愛をあおり、同性愛者を生みだしている。快楽をもとめて肛門性交をするのは不潔である。エイズが増加している。社会が崩壊するおそれがある。同性愛指向にたいしては、治療やカウンセリングなどの方法もある。同性愛に反対する者の立場も認めるべきである。韓国では、同性愛がいかに非科学的で不道徳かを論証する論文がたくさんある…。

これは、ゲイは増加すべきではないという言説の一例です。これは、ホモセクシュアル撲滅という医学化された夢と結びついた社会的管理計画事業の一環です。こういう言説自体が、「人間の手によってではなく、神によって創造された多様な人間存在」という創造の秩序の原則―「共存・共生」はその具体化です―に反するとわたしは思います。米国では、こういうホモフォビアの圧力のもとに、キリスト教を中心に、そういう事業が推進されていると言われています[66]。それは対岸の火事ではなく、わが国でも、それと軌を一にしたおそるべき動きが、性的マイノリティ歓迎ムードにたいするゆれもどしとして台頭して来ることが懸念されます。この動きはまた、キリスト教の伝統的枠組みがゆさぶられることへの危機感のあらわれです。上述のミシェル・フーコーが明晰に論証した「同性愛」が問題化されてき歴史[67]―「同性愛嫌悪」は歴史的形成物―が否定されています。

こういう否定は、五十五―六年ころの成立とされるローマ十二・一―二にかんする読み方にも反映されています。

1こういうわけで、兄弟たち、神の憐れみによってあなたがたに勧めます。自分の体を神に喜ばれる聖なる生けるいけにえとして献げなさい。これこそ、あなたがたのなすべき礼拝です。2あなたがたはこの世に倣ってはなりません。むしろ、心を新たにして自分を変えていただき、何が神の御心であるか、何が善いことで、神に喜ばれ、また完

全なことであるかをわきまえるようになりなさい。（新共同訳）

この手紙は、パウロの伝道活動と思想の集大成として、後代にまで各方面に深い影響をおよぼしつづけています。性的マイノリティ歓迎ムードを忌避する側は、この箇所から、「多様性のすべてが神の前でいいというわけではない」という趣旨のことをメッセージとして引きだします。「この世に倣ってはなりません」ということの中味が、性の多様性を受けいれようとしている世のなかの仕組みに倣ってはいけない、という意味に解されてしまうわけです。果たして、こういう読み方は適切でしょうか。こういう有名な箇所のテクストそのものにかんする基本的な分析をせず、正確な意味も引きだすことができないまま、「これが聖書の語りかけるメッセージだ」と言わんばかりの強弁を張るのは、理性を欠いているとわたしは思います。同性愛は、「この世に倣うこと」、「神に喜ばれないこと」なのでしょうか。これはあまりにも良識を欠いた偏狭な聖書の読み方です。この読み方では、「共存・共生」は構築できません。

むしろ、聖書の言葉に多少の心得のある性的マイノリティならば、そのような同性愛蔑視に規定された窮屈な「この世」に倣うこと自体が疑問視されると解釈することでしょう。共生社会構築という重要課題のなかには当然、「隣人」としての性的マイノリティへの理解がふくまれているはずです。それがまっとうなことだからです。また、性的マイノリティを「男」と「女」の枠組みに矯正するために治療するという発想は、あるがままの人間存在を侮辱しており、恐怖さえ感じます。人は、体の形もセクシュアリティも内面も発達の仕方も、たがいに微妙にちがうのです。多元的で多様なセクシュアリティを事実としてあるがまま認めあうしかないのではないでしょうか。わたしたちが生きている「この世」は「此岸」であって、「彼岸」ではないということをはっきりさせておかなくてはなりません。自然世界をふくめて、「この世」自体が多様性で成りたっています。それをささえる原理が「共存・共生」です。性的マイノリティにかぎらず、人間存在は「この世」において不均一な仕方で複雑な形で存在しています。現実世界としての「この世」を一方的に邪悪とする論理は、自分たちの側を絶対的に正しいとするカルト宗教団体の極端な善悪二元論や不道徳な幻想的世界観と構造的に類似しています。

上述のように、「聖書ではそう言っている」という言い方により、聖書の文言に絶対的確かさがあるとする思いはおおくのキリスト者たちの心に深く刻印され、共有されてもいます。しかし、気に入った聖書の字面だけをふりまわし、はじめから自分の答えをもって、それを根拠づけるために「どこを読んでも同じ」という仕方で聖書を読む行為は、社会にたいする説明責任を回避している卑怯な読み方です。ここで、わたしたちは、理性と、事の理非のわかる感性とを働かせて、「聖書では同性愛は否定されている」とのたまう頑迷固陋の発言にたいしては、これを見過ごしにはせず、また、臆することなく、こう問いかえさずにはおれません。

「聖書ではそう言っている」とおっしゃるあなたは、一体何者なのですか。性的マイノリティであるということは悪いことですか。性的マイノリティ受けいれが「神に喜ばれないこと」であると単純に言えるのですか。性的マイノリティはまちがって生まれた「出来そこない」とでもおっしゃりたいのですか。性的マイノリティは新発見された人間存在ではありません。どこか遠い所に存在しているのではなく、学校、家庭、職場など身近な所に存在しています。性的マイノリティはあなたの隣人です。「神を愛し、隣人を愛すべし」という教え（マルコ十二・三十―三十一／マタイ二十二・三十七―三十九／ルカ十・二十七）がキリスト教の基本ではなかったのですか。西方教会最大の教父と称せられ、正統的信仰教義の完成者と言われるアウグスティヌスも、そのふたつの愛がなければ聖書を理解したとは言えないと述べているではありませんか。[68] 自分がＬＧＢＴであることが知れると、教師、親、上司、同僚、友人が困惑し、ときには拒絶され、孤立へと追いやられます。いじめや暴力の経験者もめずらしくありません。あなたのような発言で傷つく性的マイノリティ当事者はすくなくないと思います。

しかし、こちらがこのように抗議して言いかえしても、けっして立場を変えないのが、同性愛反対の保守的キリスト者たちです。こういう思考停止状態がつづけば、キリスト教は早晩、良心的な市民からも性的マイノリティ当事者からも見放されることでしょう。「共存・共生」の意識が働いていない場所に足を運ぶ必要はありません。

上記の聖書の箇所にもどります。「この世に倣ってはならない」という一文における「倣う」(suschēmatizesthai)という単語は、「同じ形に自分を順応させる」の意です。その帰結として、性的マイノリティを受けいれる「この世」の形に自分自身を合わせたり、倣ったりしてはならないという論理を引きだすことは、わたしにはまともな読み方とは思えません。同性愛嫌悪を自分自身の信念の正しさの証明として、紀元後五十年代半ばに書かれたパウロのローマ十二・一―二にこれをわざわざ読みこむ必要はありません。キリスト者は、自分自身の側にはなんの正しさもない、救いの根拠も自分の側にはいっさいないという謙虚さがもとめられます。

　ローマ十二・一には「なすべき礼拝（hē logikē latreia）」という文言が使用されていますが。これは、当時の宗教・哲学思想の文脈のなかでとらえなおさなければなりません。これに類似する言いまわしは、「言葉の犠牲（logikas thusias）」[69]という言い方で、紀元前三世紀から紀元後三世紀にかけて編集されたエジプト起源のヘルメス文書（一・三十一、十三・十九、二十一）にも見られます[70]。厳密に言えば、それは「理性的な仕え方」を意味します。また、「言葉による、血のない犠牲（logikēn kai anaimakton thusian）」[71]という言い方が、最終的には二百年ころ成立したと思われるレビの遺訓（三・六）に見いだされます。三世紀の新プラトン学派哲学者ポルフュリオスは「叡智的な犠牲」という言い方を用いています[72]。ローマ十二・一は、かならずしもパウロ独自のものであるとまでは言えないこうした思想を共有しつつ、ギリシア‐ローマ世界における経費のかかる動物犠牲の礼拝の仕方ではなく、理性による神への仕え方を突きつけているのです。「理性」といっても、今日的な意味での「理性」とはおもむきが異なります。もとの語（ロギコス）は、「言葉」（ロゴス）を含意します。神との関係は、「言葉」を生かし、事の理非を見わける知性的判断を働かせながらの生き方全体にかかわるのです。「ロギコス」はここでは、「道理をわきまえた」、「筋道の立った」などの訳語のほうが意味をよくとらえていると考えられます[73]。筋道のなかに「共存・共生」の生き方がふくまれています。

こういう生き方にもとづくふるまいは、いつ、いかなるところにおいても実行可能です。「なすべき礼拝」という言いまわしにより、特定の宗教教義や儀礼をこえた普遍的価値観をパウロは表明していることになりますが、これはヘレニズム世界において広く共有されていた価値観でもあったのです。さらに、「礼拝」という語は、ドイツ語では「Gottesdienst」と表記されますが、それ自体が「神に仕えること」を意味します。宗教儀礼をくり返し忠実におこなうことは「お勤め」ですが、ここでの「礼拝」(latreia) は意味の範囲がもっと広い語です。生き方の全体が神に仕えることであり、それを信仰というのです。制度的キリスト教の枠内では、手続き上、洗礼を受けて「キリスト者」と認められます。しかし、洗礼を受けて「キリスト者」と認められた時点で、洗礼を受ける前の自分が全く別人に変身するわけではありません。そんなウソと不道徳を無理に信じる必要はありません。生き方の全体をとおして、生涯にわたって神に仕えることが、キリスト者の「なすべき礼拝」です。そういう意味でのキリスト者の「なすべき礼拝」が今日的な意味での「同性愛嫌悪」をふくんでいるとは、とうてい考えられないのです。

それから、「心を新たにして自分を変えていただき」という訳も問題なしとはしません。これは「精神を新たにし、自分を変える」と訳さなければなりません。上記の日本語訳は敬語を使用していますが、この文脈には不適合です。自分の生きる基盤や生き方の土台となるささえ―精神―を明確にし、みずから、しゃきっとして生きる態度への転換が勧められているのです。この「精神」をさすもとのギリシア語「ヌース」（noûs）には、「知性」もふくまれています。「知性」を欠落させて、下品に性的マイノリティのことを悪し様に言うのではなく、あたたかい視線をおくり、もっとあっさりと、すっきりしてふるまう。そういう真剣な生き方にかかわる事柄をうすっぺらなお涙頂戴式の「心」の問題にすり替えてはなりません。キリスト教は、「だれでも神様に愛されています」という水準のたんなる「心の処方箋」ではなく、「イエスの名において『頭』をとぎすませて」、より根本的には、「共存・共生」にかかわる世界観や人間観、各人の生きる態度を問題にしているからです。

（65）この問題は、ふたつの点で重要な意味をもっています。ひとつは、人権意識にかかわる点で重要です。次に、これは、「聖書をどう読み、どう読まないか」という聖書理解にかかわる点で重要です。これについては、「共感・共苦のキリスト教倫理～性の多様性と人権との関連で～」と題する拙稿において詳細に論じました。『研究論文集一二八・一二九合併号』宮城学院女子大学『紀要』編集委員会、二〇一九年十二月二十六日、一―三十頁。

（66）イヴ・コゾフスキー・セジウィック著、外岡尚美訳『クローゼットの認識論』（原著 *Epistemology of the Closet* は一九九〇年出版）青土社、一九九九年、五十五―六十四頁。

（67）ミシェル・フーコー「同性愛の問題化の歴史」『同性愛と生存の美学』（増田一夫訳）、哲学書房、一九八七年初版、二十一―四十四頁。

（68）注五五。

（69）ギリシア語テクストは、*Ερμου του Τρισμεγιστου* を参照（*http://www.w66.eu/elib/html/poimandres.html*）。

（70）荒井献・柴田有共訳『ヘルメス文書』朝日出版社、一九八〇年、八十二―八十三頁、三七〇-三七三頁。

（71）ギリシア語テクストは、チャールズ版を参照。Robert Henry Charles, *The Greek Versions of the Testaments of the Twelve Patriarchs, edited from nine mss., together with the variants of the Armenian and Slavonic versions and some Hebrew fragments*, Oxford Clarendon Press, 1908, p. 34.

（72）上掲書（『ヘルメス文書』）、八十二―八十三頁、注七〇。

（73）Krister Stendahl, *Final Account: Paul's Letter to the Romans*, Fortress Press, 1993, pp. 45-47.

第三章　クィア的読み方

二〇一九年八月二十二日、一般社団法人キリスト教学校教育同盟東北・北海道地区教育研究集会大学部会が仙台ガーデンパレスにおいて開催され、運営担当者をふくむ二十九名の大学関係者が参加しました。研究集会では「キリスト教学校につながる喜び―多様性の尊重と共生を目指して―」というテーマが設定され、ふたつの講演、分団討議、全体討議がおこなわれました。わたしは、「お題目から共感・共苦への転換―キリスト教教育の倫理―」と題する講演において、多様性が叫ばれる今日、「隣人」としてのＬＧＢＴの受けいれとの関連で、「共存・共生」にともなう「共感・共苦」をキリスト教教育の倫理の根幹にすえ、その論理と具体的方策を提示しました。論の展開方法としては、古代後期ギリシア・ローマ世界で生みだされた種々さまざまな古代キリスト教諸資料―正統と異端を問わず―のなかからセクシュアリティに関連するレトリックを拾いあげ、見失われた古代人の豊かな人間理解を掘りおこすとともに、聖書解釈の新しい潮流としてクィア的聖書解釈を紹介しました。

イェール大学のデイル・マーティンは、クィア的解釈を、保守的・伝統的解釈や平等主義的な主流派解釈に次ぐ「第三の波」[74]と評し、クィアー同性愛者がこれを自称として用いる場合もありますーの観点にもとづく解釈を展開しています。クィアの観点にもとづく学問的水準の高い大部な注解書[75]も出版されています。たしかに、そういう点にかんして言えば、フェミニスト的観点にもとづく聖書本文分析は、「主流」(main stream)を形成する伝統的な「男中心の流れ」(male stream)の中心点をずらすために大いに貢献してきました。しかし、異性愛社会を巧妙にささえ、そこに内在する抑圧的仕掛けがあらゆる局面に働いている現行社会の基盤を問いなおし、不当な束縛や圧迫からいろいろな人びとを解放する方向性がさし示されなければならない時機が到来しています。そういう時代の要請に答えているのが、クィア的観点に立つ聖書本文分析です。クィア的聖書解釈は、「男」と「女」という二項対立から自由ではないフェミニスト的聖書解釈の限界を打破する分析を展開しており[76]、抑圧的な社会構造に風穴をあける突破口となる可能性を豊かに内包していると言わなければなりません。

こうした潮流の代表者のひとりが、カムアウトしたゲイのデイル・マーティンです。デイル・マーティンは、ゲイの観点に立って、元来、洗礼式文の一部であったガラテヤ三章二十八節にかんする興味深い分析を展開しています。そこにおける「キリストにおいて一人」の「一人」(ヘイス)は、男性形です。この表現だけでは、劣等な地位におかれている「女」という性が高められるのではなく、「一人」(男性形)のなかに吸収されたままです。そこで、デイル・マーティンは、「キリストにおいて」人はだれでも「男」でもあり「女」でもあり、「男女なる人」(masculifeminine person)であり、「女男なる人」(feminimascu person)であるという解釈を提唱しています[77]。一方の性を他方の性に解消させるのではなく、両方の性の特徴を保持させ、一方の性に他方の性の本質を共有させるのが、デイル・マーティンのクィア的解釈の特徴です。女性性がなければ男性性はなく、男性性がなければ女性性はなく、それぞれの性がたがいに補完的機能を果たしているというのです。このようなゲイの観点に立つ解釈では、「男」と「女」という二分法は絶対的なものとはされないことになります。その解釈からは、いろいろな性的有り様が共有されることが期待されます。たとえば、マッチョタイプや異性装者(トランス・ベスタイト)が人間像のモデルであってもかまわないわけです。これはまさに、「男」と「女」という二形性の枠をこえるクィア的読み方です。

セクシュアリティをめぐる現代の課題や男女平等という発想をパウロの時代に投影さ

せることは時代錯誤の誹りを免れません。ガラテヤ三・二十八における「男と女はない」という斬新なスローガンは、男女間の平等を表明しているわけではありません。むしろ、「男」と「女」は現実存在としては分裂しています。しかし、原初の人間存在は「男」と「女」に分裂していなかったという観念が洗礼式文としての「男と女はない」には反映されていいます。つまり、洗礼において新しく生まれ変わる人間存在において「男」と「女」という区別は克服されているという原始キリスト教信仰の一つの形態がこの洗礼式文に反映されていると見ることができます。しかし、「男と女はない」というスローガンは、「男」と「女」の両者における平等性あるいは対等性ではなく、「男」と「女」という二形性をもつセクシュアリティの廃棄を約束したものです。それが救いの状態です。これは、現代的な基準から見ても、キリスト教史における失われた斬新な救済論として再評価すべきとわたしは考えます。

---

(74) Dale Martin, *op. cit.*, pp. 82ff.
(75) 注五八。
(76) Mitsusgu Shinmen, "Decentering Biblical Scholarship: Queer Biblical Hermeneutics," in *Bulletin of Miyagi Gakuin Women's University* 104 (2007), pp. 19-34.

（77）　Dale Martin, *op. cit.*, pp. 89-90.

第五部

聖書の不健全な読み方〜ヨハネ黙示録を手がかりとして〜

「歴史的読み方」は、聖書のテクストそのものの背景にある歴史的事情を考慮にいれる読み方です。これは緻密さをもとめられ、学問的には必要な作業です。しかし、落とし穴があります。聖書のテクストを解釈する側が自分の生きている時代の歴史的文脈のなかにテクストを読みこんでしまうという落とし穴です。この落とし穴に気づかずに、キリスト教は正しいという観念のとりこになっているのは、なんとも哀れなことです。第五部においては、政治的イデオロギー宣伝に援用されやすい表象が豊富に見いだされるヨハネの黙示録(以下、黙示録)を手がかりとして、解釈者自身のキリスト教優越意識―キリスト教は品位があっていつも正しく、ほかはそうではなくて撲滅の対象であるという偏狭な考え方―がテクスト解釈に反映されている不健全な例を紹介します。さらに、黙示録の髄所に表明されている熱烈な戦闘意識―神にさからう者たちを相手に徹底的に戦いぬき、苦難を経て、最後は勝利するという意識―が、アメリカ大統領の演説や戦前の日本のキリスト教界にも確認されることを論じます。「共存・共生」を度外視して力が正義とされる今日、いろいろな幻想的な象徴表現が散りばめられている黙示録を注意深く読みなおすことは、忍耐を要しますが、現実から幻想の彼方に追いやられないために必要です。[78]

（78）　こういう視点にもとづいて執筆されたのが、拙稿「時代の文脈の中で『ヨハネの黙示録』を読み直す試み」（『研究年報第五十二号』宮城学院女子大学附属キリスト教文化研究所、二〇一九年、一―五十八頁）です。

第一章　聖書学者の政治的言説

R・H・チャールズ（以下、チャールズ）―トリニティカレッジ聖書ギリシア語教授（一八五五―一九三一年）―は、黙示録にかんする詳細なテクスト分析をこころみた学的水準の高い大部な注解書を書いています。[79] 二・二十七―二十八―「27そして、彼は鉄の杖をもって、陶器の器が粉々に打ち砕かれるように、彼らを牧するであろう、28このわたしがわたしの父から（権威を）受けたように。そして、わたしは彼に明けの明星をさずけよう」―のテクスト分析にはいる前に、チャールズは、自分自身の政治的意識を以下のようにあからさまに表明しています。

二・二十七abは、十九・十五の場合と同様、現実に生じる異教の諸民族の撲滅をにおわせており（二・二十六、十七・十四参照）、そして、あきらかに、神の言葉を守る天の軍勢の構成員として勝利する殉教者たちがその撲滅を引きおこす力となる（十九・十三―十四）。わたしが原稿を書いている今現在、われわれは、かくもおそろしき予測が部分的に実現されているのを目の当たりにすることができる。というのは、英国とその同盟諸国は、神をないがしろにする暴力と物質主義の諸勢力を相手に殲滅戦に参戦しているからである。スウェート[80]がいみじくも書いているとおり、「新秩序に先行するのは旧秩序の粉砕でなければならない。しかし、陶器師の目的は、作りなおすことにある。古いこの世界のもろもろの破片から、キリストと教会の保護下にあってこそ復興というものがあろう。すなわち、新しい、よりすぐれた社会的・国家的秩序が生まれるであろう」。さらに、われわれは、現行の異教世界の国際関係網が早晩キリスト教的な品性を備えた国際関係によって打破され、取って代わられることになると言ってもさしつかえなかろう。[81]

チャールズは、一世紀末から二世紀はじめころに成立したと想定される黙示録の文言を自分が生きている二十世紀前半の国際政治情勢にあてはめています。その際、スウェートの概説・注釈・目次付き『黙示録注解』[82]から引用していますが、出典を明示していません。チャールズほどの学者が出典箇所を具体的に明示しなかったのは、スウェートの『黙示録注解』があまりにも有名で、それをいつも手もとにおいて自分の論の展開に役だてていたからであろうと想像されます。一方、スウェートのほうは、チャールズが編集したユダヤ教・キリスト教黙示文学テクストをいつも手もとにおいていたことを序文で述べています

(*op. cit.*, p. x)。このように学問的水準の高い研究業績を後世に残した両学者は、異教世界にたいするキリスト教の優位という政治的姿勢においてはたがいにきわめて近い関係にあります。

最新の研究[83]では、原著者とは根本的に考えている方向性がまったく正反対の編集者に帰せられる上記の黙示録二・二十七は、詩篇二篇のメシア像を継承しています。七十人訳(LXX)—ギリシア語訳旧約聖書—の詩篇二・九は、「あなたは彼らを鉄の杖で牧するであろう、陶器師の器のように彼らを粉々に打ち砕くであろう」と訳されます。しかし、当該箇所のヘブライ語本文は、「あなたは彼らを鉄の杖で打ち砕き、陶器師の器のように粉々にするであろう」と訳されます。ヘブライ語では、「打ち砕く」という動詞(r‘‘)の子音は、「牧する」という動詞(r‘h)の子音と同じです。それゆえ、七十人訳においては、「彼らを打ち砕く」は「彼らを牧する」と誤読されている可能性があります。しかしながら、チャールズは、同じく編集者に帰せられる十九・十五—「そして、彼の口から鋭い大剣が出ている。それでもって諸民族を打ち、彼こそが鉄の杖でもって彼らを支配するためである…」—を二・二十七の並行箇所として引用し、黙示録著者は、「牧する」と通常と訳されるギリシア語の動詞(poimainein)を「支配する」の意で意図的に用いていると主張しています。それどころか、この語に黙示録著者がこめた意味は、たんに「支配する」ではなく、「完膚なきままに撲滅する」ということであろうと論じています[84]。チャールズより先に黙示録注解書を書いたスウェートも、同じ立場に立っています。この「牧する」を「羊飼いのように支配するであろう」と解し、それが「鉄の杖で」という言いまわしによって強調されていると解釈します。スウェートはさらに細やかな解説をこころみています。「鉄の杖」は、羊飼いの樫の木のこん棒です。それは笏ともなり、強力な武器ともなります。こん棒には鉄が取りつけられ、厳罰をくわえるだけの性能はあるということになります。上記詩篇二篇の箇所は、メシアのそういう役割と特徴を言いあらわしています。そこでは、諸民族は、イスラエルの神なる牧者によって、陶器のように破壊されることになっています。そういう意味が二・二十七に反映されているとするチャールズやスウェートの解釈は、ユダヤ主義的です。両者とも、黙示録編集者のユダヤ主義的特徴を自分たちの時代の文脈に再現させたことになります。こうした解釈は、自国民、あるいは、キリスト者たちに好意的ですが、キリスト教文化圏外の人びとのことは救済の枠にいれていません。そのかぎりでは、スウェートとチャールズの両巨頭の考え方は、キリスト教聖職者でありながら、イスラムとの「共存・共生」をよしとしない偏狭主義です。

ここで、わたしたちは、冷静かつ理性的に考えなければなりません。「彼は鉄の杖をもって、陶器の器が粉々に打ち砕かれるように、彼らを牧するであろう」というおだやかならざる黙示録二・二十七を、非キリスト教世界の異教徒の諸国民を撲滅するという意に解することが、果たして健全な読み方でしょうか。これはあまりにも偏向した政治的な読み方ではないでしょうか。「勝利をえつつある者、わたしのもろもろのわざを最後まで保持しつづける者には、わたしは、諸国民を支配する権威をさずけよう」（二・二十六）、あるいは、「これらの者たちは、あの小羊を相手に戦うことになろう。しかし、小羊が彼らに勝利するであろう。なぜならば、小羊はもろもろの主の主、もろもろの王の王だからである。そして、小羊とともにいる、召された、選ばれた、忠実な者たちは（勝利するであろう）」（十七・十四）などといった戦闘的イメージの言葉が、チャールズの黙示録注解書では、現に進行中の異教徒との戦いにおけるキリスト教側の勝利の約束として政治的に解釈されています。第一次世界大戦後の国際社会の新秩序の樹立に先行するのはキリスト教による異教世界の打破であるとされています。これは、異なる論理に立つ人びとの歴史や文化を考慮にいれず、復讐や暴力を助長する不健全な読み方であるとわたしは考えます。スウェートやチャールズのこういう発想は時代錯誤もはなはだしいと言われなければなりませんが、しかし、一笑に付すわけにもいきません。というのは、異なる論理をもつイスラム側との「共存・共生」を創りだす「共創」の観点を欠落させたスウェートやチャールズの政治感覚は、後述するように、百年もたたないうちにブッシュ演説にもよみがえっているからです。そして、その感覚は、イスラム国の指導者アブバクル・バグダディの死を発表したトランプ大統領にも、脈々と受けつがれていると見ることができます。トランプ大統領は、アブバクル・バグダディを急襲する軍事作戦を詳細に説明した際、「むやみやたらと大勢を威圧しようとしたごろつきは、死ぬ直前、すさまじい恐怖とパニックにかられ、おびえまくって、自分に迫ってくる米軍を怖がっていた」と述べたと伝えられています。(85)こういう感覚がねばり強く息づいているかぎり、「共存・共生・共創」に立つべき国際社会が危機にさらされつづけます。そのことにたいして、キリスト教側は無批判であることはできないはずです。

ここでスウェートやチャールズが生きた時代の状況をふりかえっておきます。十八世紀後半、産業、社会、経済に大変革がもたらされました。その結果、中近東世界はヨーロッパの経済的搾取の場と化しました。それまでさまざまな土地からやってくる人びとの文化的交流、物資の流通で繁栄していた中近東世界が、オスマン帝国の弱体化とともに、ヨーロッパにとって都合のいい一大市場となり、石油などの原材料の供給地となっていきました。そのきわめつけは「サイクス＝ピコ協定」（一九一六年五月）です。協定締結に当たっては、イギリスの外交顧問マーク・サイクス卿とフランスの外交官フランソワ・ジョルジュ・ピコが重要な役割を果たしました。これは、第一次世界大戦中、オスマン帝国領土分割をめぐって、イギリス、フランス、ロシアのあいだでかわされた密約です。これにより、直線で国境が区切られ、アラブ世界がずたずたに分断される素地が人為的に作られました。たとえば、インドを植民地にしていたイギリスは、地中海から現在のパレスチナ、ヨルダン、イラク南部、地中海の海運にとって重要な位置にあるハイファとアッコーを、フランスはトルコ東南部、イラク北部、シリア、レバノンを獲得しました。ロシアは、イスタンブール、ボスフォラス海峡、ダーダネルス海峡を要求しました。しかし、パレスチナをふくむアラブ地域は、フサイン＝マクマホン協定（一九一五年）により、アラブの反乱をおこしたアラブ人たちの手に渡るべきでした。メッカの太守フサイン・イブン・アリーとイギリスの駐エジプト高等弁務官ヘンリー・マクマホンとのあいだでかわされたこの協定は、イギリスがオスマン帝国の支配下にあったアラブ地域の独立と、アラブ人のパレスチナでの居住を認めたものですが、履行されずじまいでした。このあたりの事情は、オスマン帝国にたいするアラブ反乱を取りあげたイギリス映画『アラビアのロレンス』（一九六二年）にも描かれています。

さらに、ひどい仕打ちがつづきます。その一例が、一九一七年十一月二日、イギリスの首相を務めたこともあるバルフォアがユダヤ人のパレスチナ復帰を約束した宣言です。その目的は、ユダヤ人シオニストたちをとおしてパレスチナを支配し、ユダヤ人世論を連合国支援にむけさせることにありました。これらの一連の目まぐるしく変化する国際情勢のもとで、それまで存在していた、共通の民族的起源、言語、宗教信仰、伝統的な生活様式をもつ人びと―「ネーション」（nation）―の存在は無視されて、人工的な地理的境界線のなかに設定された「ステート」（state）が作られたわけです。これが中近東世界における今日の種々の戦争やテロやＩＳ台頭にまでつながっています。こういう基本的な歴史認識[86]が今日の聖書研究にももとめられてしかるべきです。

(79)　チャールズの黙示録注解（R. H. Charles, *A Critical and Exegetical Commentary on the Revelation of St. John, 2 vols.*, Edinburgh: Clark, 1920）の初版は一九二〇年、最新版は一九六三年に出版。

(80)　Ｈ・Ｂ・スウェート（以下、スウェート）は、ケンブリッジ大学神学部教授（一八三五―一九一七年）。

(81)　R. H. Charles, *Volume 1*, p. 75.

（82） Henry Barclay Swete, *The Apocalypse of St John : The Greek Text With Introduction, Notes and Indices*, London : Macmillan, 1906, p. 47.
（83） 田川建三『ヨハネ黙示録　訳と註』（作品社、二〇一七年）。
（84） R. H. Charles, *op. cit.*, pp.75-76.
（85）「ＩＳ指導者がシリアで死亡とトランプ氏『米軍の強襲で』」（二〇一九年十月二十八日付け『ＢＢＣ』[*https://www.bbc.com/japanese/50204203*]）。
（86） このような歴史的事情については、宮田律氏（一般社団法人現代イスラム研究センター理事長）の『オリエント世界はなぜ崩壊したか―異形化する「イスラム」と忘れられた「共存」の叡智』（新潮社、二〇一六年、一二二頁以下）を参照。

第二章　「黙示録愛」

スウェートは、上述の時代状況をふまえて、黙示録を、よく練られ、新約聖書の四つの福音書（マタイ、マルコ、ルカ、ヨハネ）において示されていることをさらに推し進めている文書として高く評価します。これを「黙示録愛」と評してもいいくらいです。黙示録の場合、新約聖書の四福音書のように、人びとの願望がこめられている感動的な「奇跡物語」は描かれていません。病人の癒しや死者の復活の印象的な場面も見られません。黙示録は、伝記作者や歴史家の手法にもとづく作品ではありません。しかしながら、スウェートによれば、黙示家ヨハネに啓示され、彼が書き記した「生」は、福音書記者マルコの描写と同様、存在感があり、その「生」の働きも同様におどろくべきものがあるとされています。スウェートのこのような「黙示録愛」は、世界にたいするキリスト教会の監督権と指揮権があたえられている根拠を黙示録に見いだします。キリスト教会は、この地上の統率者としてこの世の人間たちを「牧する」権限をあたえられているとされています。キリスト教会の指揮監督の権限は、この地上のいかなる指導者がもつ権能にもまさるとされています。歴史の諸問題の意味を読みとく洞察が黙示録の記述には満ちあふれているとされています。これからおこることを開示していくというふれこみの黙示録のメッセージから、被造物世界全体が物事を刷新する力をあたえられるとされています。現代のわたしたちの通常の感覚では独善的とも思えるこういう熱狂的な「黙示録愛」に動かされて注解書を書いたスウェートの信念の範囲では、黙示録は、すべてのキリスト教会牧師たちにとってキリスト教の教えの材料が満載されている比類なき宝庫とされるわけです。

一方、チャールズもまた、「黙示録愛」をつらぬきます。チャールズも、スウェートと同様、自分の生きている時代のキリスト教イデオロギーを古代地中海世界において成立した黙示録に読みとり、読みこんでいきます。チャールズによれば、神の正しさが証明される終末の到来にたいする絶大な信頼を寄せるこの黙示家ヨハネは、万物を巻きこんだ世界規模の戦いにおける種々さまざまな出来事を、幻のなかでたどっていきます。そして最後に、悪が完全に完膚なきままに打倒され、神の正義が永遠に樹立されます。神に忠実に生きた神の僕たる信者たちは、そのなかのもっとも弱き存在もふくめて、神の永遠の都において祝福をかぎりなく享受しつづけていくことになります。彼らの額には神の名が刻印され、彼らはますます神に似た者となります。チャールズは、こういう黙示録を「現代に適合する書」（a book for the present day）として位置づけています。上述の当時の世界情勢から見ると、それは彼にとっては当然の位置づけであったと考えられます。今日のわたしたちも、絶対的な確かさを聖書の言葉に読みとろうとして、自分自身の好みにあわせて選択された聖書の種々の言葉を世界の諸状況に適用してみたくなる誘惑にかられることがよくあります。しかし、そういう次元に安心と自己正当化の根拠をおくと、わたしたちもまた、黙示録編集者と同じ思考体系──「自分は神の側にいるが、相手はそうではない」という二分法的思考──のなかに身をおいていることになるのではないでしょうか。

イスラムとの「共存・共生」を目ざさないこの二分法的思考にチャールズが立っていることは、以下の出版経緯にかんする自身の釈明からもよく見えてきます。

本注解書の出版は戦争（第一次世界大戦）のためいろいろな部分で遅れた。しかし、こうした遅れのおかげで、出版は、日の目を見る最適の年──すなわち、世界の歴史のなかでおこった、正義に反対する勢力の最大の陰謀の転覆と、それと同時に、黙示録の預言の満願成就を目の当たりにした年──にまでもちこされたのである。暗黒の諸勢力がだれもが参加できる戦場でうち負かされようとも、個人も国家も責任免除などありえないもっと悲痛な戦いがさらに残されている。断固として言えば、これこそが、新約聖書のほかの諸文書とは矛盾して、われわれの著者の教えにほかならない。われわれの黙示家ヨハネがこだわっているのは、個々のキリスト信奉者がキリストの教えによってみずからの行動原理とふるまいをきめるということだけではなく、すべての政府がこれと同じ規範によってみずからの政策を設計するということでもある。黙示家ヨハネが宣言しているのは、個人にたいして拘束力をもつ道徳律と、国家、あるいは、国家の範囲内におけるいかなる任意団体であれ組合であれ、その上に義務としてかかってくる道徳律との間にはなんの差異もありえないということである。いかなるものもこうした義務からは免除されるはずがない。しかも、免除の類は、その言明がすばらしいものであれみすぼらしいものであれ、いかにうわべを取りつくろっても、もつべき賜物はもって闇の王国へと鞍替えするものである。とにかく、いかにおおくの個人、団体、王国、あるいは、人種がそのような義務にたいしてあらがおうとしも、罪と闇にたいする戦いはつづいていき、しかも、情け容赦なくつづいていかねばならない。それは、この世の王国が神とそのキリストとの王国になるまでである。

チャールズにとって、第一次世界大戦における勝利と、中近東をめぐる利権争い—全員一丸となって、悪と戦わなければならないことと理解されています—における自国優位の立場の獲得は、黙示録の預言の「満願成就」と同一視されています。黙示録という古代キリスト教文書のひとつをそういう感覚で現代に無節操に適用することは、覇権主義的イデオロギーと結びついた学問研究の一例です。

チャールズのコメントに言いあらわされているキリスト教の優越意識は、その後の欧米の政治のいろいろな局面に見られます。たとえば、ジョージ・W・ブッシュ大統領の報復演説（二〇〇一年十月七日）[87]がその一例です。演説は、ニューヨーク貿易センタービルがテロ攻撃で破壊されたことを受けて、ホワイトハウスの条約部屋から国民むけにおこなわれました。タリバン政府の軍事施設にたいする攻撃、中立的な立場の否定、平和をおびやかす者たちの徹底的追跡、あらゆる犠牲をはらう覚悟、勝利のゆるぎない確信などが表明されました。ブッシュ演説は、スウェートやチャールズの「黙示録愛」の延長線上にあります。はじめからおわりまで、アメリカの覇権主義が聖書的レトリックで根拠づけられているように聞こえます。「共存・共生」意識は、そこにはまったく感じられません。「今晩は。わたしの命令により、アメリカ合衆国軍は、アル・カイダのテロリスト訓練の収容施設とアフガニスタンのタリバン政府の軍事施設キャンプにたいする攻撃を開始しました」と冒頭で宣言するブッシュ演説は、テロリストたちにたいする戦いへの参戦を呼びかける布告です。それは、「中立はない」という信念と強制力をもって戦いへの参加を呼びかける布告です。その点では、この演説は、熱烈なユダヤ主義的思想を反映させた黙示録二一三章と類似しているように思われます。[88]それにくわえて、このブッシュ演説をイスラム武闘派のこれまでの声明文―世界イスラム戦線声明「ユダヤ教徒と十字軍戦士に対するジハード」（一九九八年二月二十三日発表）[89]、「ビデオ録画のオサマ・ビン・ラディン声明」（二〇〇一年十月七日）[90]など―と比較すると、神の側につく勢力と神に敵対する勢力とに二分されるという思考がたがいによく似ています。注目すべきことに、オサマ・ビン・ラディン声明では、「世界の最果てにある国家、日本において老いも若きも何十万人もの人々が殺されたが、世界におとがめなしだ」とはっきり述べられています。これは、一九四五年八月六日の広島原爆で犠牲になった約十四万人、同八月九日の長崎原爆で犠牲になった約七万四千人のことをさしているものと推測されます。このウサマ・ビン・ラディン声明は、イスラム戦線側が日本国をどう見ているかを知る上でも重要な意味をもっています。さらに、この声明は、「百万人もの子供たちがイラクで死に直面し、殺されている」と述べています。欧米側には欧米側の論理がありますが、それと同様に、イスラム側にはイスラム側の論理があることがわかります。これは歴史的に根の深い問題です。欧米側は自由や平等や平和の理念をかかげても、イスラム側は、欧米がアッラーの土地を荒らしまわり、経済的に収奪し、イスラムの人びとを苦しめていると認識しています。どちらに軍配をあげるかという勝ち負けの水準から、双方のあいだで平和を構築する国際社会の基盤を形作らねばならないところにさしかかっているはずです。これは焦眉の急を告げる事態ですが、けっして容易ではないのです。キリスト教やユダヤ教、イスラム教という三つの「アブラハムの宗教」は、今後、「共存・共生」にもとづく国際平和のために多大なエネルギーをそそいでいかなければなりません。こうした観点から、ブッシュ演説を冷静に読みなおすことも重要です。それと比較しながら、イスラム武闘派の演説もていねいに読みなおしたいものです。

平和主義的な高邁な理念—「剣を打ちかえて鋤とし、槍を打ちかえて鎌とする」（イザヤ二・四）—、人間としての基本的あり方と倫理を説く言葉—「公義を行ない、慈しみを愛す」（ミカ六・八）—、「共存・共生」にもとづく共同体維持のためにもとめられる普遍的な互助思想を言いあらわす言葉—「貧しい者に必ず手を開く」（申命一五・七—十一）—を聖書に見いだすことはよくおこなわれてきました。しかし、それと同じように、世界の軍事システムを補強する論理を言いあらわすレトリックを聖書のなかから選びだすことも、意図的におこなわれてきたのです。聖書には、暴力的イメージがつねにつきまといます。それは、神を「勇士」とする表象（出エジプト十五・三）や、敵の「全滅」（ヘレム）にかんする残酷な描写（サムエル上十五・三）などにも見られるとおりです。ブッシュ演説にも、聖書起源の暴力イメージが色こく反映されていることはいなめません。「あらゆる書物のなかで、聖書がもっとも危険な書物、殺す権限を賦与されてきた書物である」[91]と評されるのも理解できます。このことに関連して、アメリカの旧約聖書学者J・J・コリンズ（イェール大学）が述べているように、聖書に確かさをもとめることが暴力に結びつくこともあり、暴力を軽減するためにはその確かさが幻想であることを聖書批評学者は明確に論じなければなりません。[92] しかしながら、そのような批評学上の見解は、「共存・共生」を意に介さない政治権力の前では無力です。

(87) テクストは、Bruce Lincoln, *Holy Terrors: Thinking about Religion after September 11*, Second Edition, The University of Chicago Press, 2006, pp. 103-105を参照。

(88) たとえば、参戦への呼びかけ（二・十六）、「勝利」の約束（二・七など）、「忍耐」の勧め（二・三など）、「恐怖」（二・十）、「苦しみ」（同）、「世界中」（三・十）、「命を犠牲にする覚悟」（二・十）、「敵」の設定（二・九―十）、「たたきつぶす」（二・二十七）、「困難」（二・九など）、「保護」（三・十二）、「偉大なる宗教の名に借りて殺人を犯すことによってそれを冒とくする野蛮な犯罪者たち」（三・九）など。

(89) 英語訳テクストは、*http://fas.org/irp/world/para/docs/980223-fatwa.htm*を参照。
(90) Bruce Lincoln, *op. cit.*, pp. 106-107.
(91) Mieke Bal, *On Story-Telling: Essays in Narratology*, Sonoma: Polebridge Press, 1991, p. 14.
(92) J. J. Collins, "The Zeal of Phinehas: The Bible and the Legitimation of Violence," in *Journal of Biblical Literature 122/1(2003)*, pp. 3-21.

第三章　『日本基督教団より大東亜共栄圏に在る基督教徒に送る書簡』

チャールズやスウェートらの「学術的」黙示録注解書や上述のブッシュ演説にも露呈されているように、「黙示録愛」は政治的イデオロギーとして機能しています。しかも、「黙示録愛」は、英国やアメリカ合衆国にかぎったことではありません。日本にも「黙示録愛」の明白な証拠があります。一例として、『日本基督教団より大東亜共栄圏に在る基督教徒に送る書簡』（一九四四年／昭和十九年復活節。以下、大東亜書簡）[93]——著作兼発行者は「日本基督教団」、代表者は鈴木浩二氏（総務局長）——をあげることができます。大東亜書簡は、アジアの盟主たるべき日本にある教団がアジア全域の「八紘一宇」的統合を鼓舞することを意図しています。しかし、「大東亜共栄圏」という発想では、「共存・共生」の範囲が「大東亜」に限定され、この発想は当時からすでに持続可能ではなかったのではないかと疑われます。この書簡は序文と全四章から構成されています[94]。序文は、富田満氏（日本基督教団統理者）の名前で書かれています。序文では、大東亜共栄圏内の諸教会および同信同志の兄弟たちにたいするメッセージにおいて「書簡」形式が採用された理由が述べられています。キリスト教は「大いなる歓喜の音信」であり、「福音に始まった聖書はアジアの七教会に贈ったヨハネの書翰で終わっている」と述べられているとおりです。大東亜書簡が黙示録二―三章をモデルにしている以上、その中身も論調も、アシア州七教会宛て書簡と類似しています。それは当たり前のことです。問題は、そういう当たり前のことに気づかない、気づこうとしないかたくなな態度です

家永三郎氏（歴史学者）は、第二次大戦下における宗教界の戦争責任に関連して、大東亜書簡を日本基督教団の罪責としてあげています[95]。同書簡には、複数の懸賞付き応募作品の内容が反映されていると考えられます。教学委員としてこの形にまとめるにあたって重要な役割を果たしたひとりは、日本を代表する神学者、熊野義孝氏（一八九九―一九八一年）です。同書簡第一章には、以下の記述が見られます。

緒戦以来皇軍によって挙げられた諸戦果とその跡に打ち樹てられた諸事実とは、わが日本の聖戦の意義をいよいよ明確に表示しつつあるではないか。彼らの不正不義から東亜諸民族が解放されることは神の聖なる意志である。「神は高ぶる者を拒ぎ、謙る者に恩恵を与え給う」（ヤコブ書四・六）。それでは米英の高ぶりは何によって排撃されるであろうか。皇軍の将兵によってであり、地上の正義のために立ち上がった東亜諸民族の手

によってである。そして諸君の民族がこの大聖戦にわれら日本と共に同甘同苦、所期の目的を達成するまで戦い抜こうと深く決意し、欣然参加協力せられたことによって大東亜の天地には、われら日本人と共に諸君の、すなわち大東亜諸民族の一大解放の戦い、サタンの狂暴に対する一大殲滅戦の進軍を告ぐる角笛は高らかに吹き鳴らされたのである。聖にして義なる神よ、願わくは起き給え、しかしてわれらの出てゆく途に常に在して、行く手を照らし助け導き給え。兄弟たちよ、諸君とわれらとを結ぶ第一の絆は、われらが相共にこの聖戦に出で征く戦友同士であるという深い意識である。

家永氏は、この引用部分を「日本占領下諸民族への日本宗教者の責任の免れがたい一証左」と見なしています。宗教というものは、学校教育とならんで、人びとの考え方や生き方に大きな影響力をもっています。とくに、神ならざるものを神としないキリスト教はまた、国家権力や社会的権威を相対化する言葉をもっているはずです。それが普遍的宗教というものの特質です。しかし、キリスト教にかぎらず、仏教教団もまた、戦争に協力する道を選んだことはいなめません。仏教もキリスト教も戦時下においては、信仰の純粋性よりも、制度としての宗教教団の維持を優先させました。同書簡にはまた、「全世界をまことに指導し救済しうるものは、世界に冠絶せる万邦無比なるわが日本の国体である」（第二章）と記されています。これはどう読んでも、神ならぬ「日本の国体」が神とされています。やむにやまれぬいろいろな事情があったことを勘案しても、この大東亜書簡が日本基督教団の対外戦争責任を示すものであることを認めないわけにはいきません。(96)

テクストというものは、それを保持する側にとっては、人びとをコントロールし、支配する道具としてきわめて有効です。大東亜書簡のモデルとなった黙示録二―三章こそ、まさにそういうテクストです。実際、それは、アシア州諸教会を管理・監督する目的―「共存・共生」とは逆方向―で編集されていることは、どう見てもあきらかです。しかし、黙示録二―三章は、当時の教会事情を知る上で貴重なテクストでもあります。そこに収録されているアシア州七教会宛て書簡にかんして、D・E・オーヌは、ユダヤ教聖書のみならず、ギリシア・ローマの文献を広範に渉猟しています。同書簡が、古代東方の王の布告と形式上類似した「勧告としての救済・審判託宣」（paraenetic salvation-judgment oracles）としての性格をもっていると主張します。(97)D・E・オーヌによれば、この書簡においては、サタンの複製物であり、道具であるローマ皇帝とは対照的に、キリストが真の王であることを預言者的に強調する文学的戦略の一環として、王からの布告という文学形式が採用されています。一方、クラウス・ベルガーによれば、この書簡は預言者的伝統にのっとった手紙の類型に適合しており、預言者的な手紙はけっしてすたれることはなかったと論じています。[98]預言者的伝統をふまえた手紙として、歴代下二十一・十二―十五、エレミヤ二十九章、第一エノク九十―九十八章などがあげられ、黙示録二―三章をより広範な文学的伝統のなかに位置づけます。D・E・オーヌは、これらの手紙の表現形式や内容は統一されているわけではなく、むしろ多様であり、黙示録全体の文学的モデルの措定を疑問視し、ベルガー説には批判的です。

(93)『福音と世界』(一九六七年五月号)、新教出版社、三十―三十九頁。
(94)同上。
(95)家永三郎『戦争責任』岩波書店、一九八五年、二九二―二九四頁。
(96)武田武長「教団成立を教会の罪責として～『日本基督教団より大東亜共栄圏に在る基督教徒に送る書簡』にあらわれた問題～」(雨宮栄一・森岡巌編『新教コイノーニア11―日本基督教団50年史の諸問題』新教出版社、一九九二年、二十一―四十一頁)。
(97)D. E. Aune, "The Form and Function of the Proclamations to the Seven Churches," in *New Testament Studies 36: Number 2 (1990)*, pp. 182-204.
(98)Klaus Berger, "Apostelbrief und apostolische Rede:Zum Formular früchristlicher Briefe," in *Zeitschrift für die neutestamentliche Wissenschaft 65 (1974)*, s. 212-219.

結びに代えて〜共存・共生・共創にむけて〜

これからの世界は、排除ではなく共生を目ざすべきです。共生の前提として、共存があります。たがいの共存の意思の合意は、社会の構成員同士で共有されるべきです。その合意が破棄されることのないようにするためには、たがいのちがいを認めあうしかないと思います。あるがままであることを、たがいに認めあうしかないと思います。そのことは、個人間関係においても、国家間関係おいても、意識されねばなりません。それが共存への第一歩となります。

(一) 人間が共存するための知恵

人間が共存・共生するための知恵については、イランの詩人サアーディ（一一八四—一二九一年）が示唆に富んだ言葉を残しています。

アダムの子らは互いに手足の如く
一つの宝に基づいて造られている！

四肢の一つが運命のため悩んだら、
他のものが何で安心していられよう！
もし、汝が他人の苦痛を悲しまぬなら、
何で、人たるの名に価しよう！(99)。

パウロも第一コリント十二・二十六において、同様のことを述べていますが――「ひとつの肢体が悩めば、ほかの肢体もみなともに悩み、ひとつの肢体がたっとばれると、ほかの肢体もみなともに喜ぶ」――、それは教会共同体の枠内の論理にもとづいています。それにたいして、サアーディは、人類全体を視野にいれて、いかなる者とも共存し、共生するという知恵を表明しています。自分自身をこえたものなる「神」との垂直関係は他者との横の関係で具体化されるのです。これはまさに、「いかにして人は食って寝るか」という根本的な政治・経済の重要課題と結びついています。「神」は困窮者を放置することをしない「ラフマーン」（慈愛あまねき者）―クルアーンの各章にくりかえし使用されている「神」の美称―であるという考え方は、政治・経済と無縁であるはずがありません。サアーディの詩はまた、困窮者を目の前にして文字どおりハラワタを動かされ、肉親の家族との血縁関係や社会的な上下関係をこえて、名もなき人びととの交流にのめりこむようにして生きたイエスの思想（マルコ三・三十一以下など）に通ずるところも感じられます。

(二) 緊張・抑圧の「競争社会」と安心・安全の「共存・共生・共創社会」

上述のサアーディの詩にもイエスの生き方にも、共存・共生の基本が示されています。しかし、わたしたちの現実は、共存・共生からほど遠い状態にあります。存在のちがいに耐えられない精神の荒廃状態が、社会の各方面―学校もふくみます―に見られます。その要因のひとつとして、能力が人間存在を価値づける基準となっていることが考えられます。専門家たちは、いわゆる「エヴィデンス」にもとづいて、肥満型人間の増加、虫歯をもつ児童の増加、学力低下、引きこもりの増加や高齢化などをまことしやかに指摘しています。しかし、それが一体何だと言うのでしょうか。専門家たちの「知見」が教育現場や健康政策に生かされることは大切ですが、「競争社会」の枠内にあると思われます。つまり、「競争社会」に適合する人材育成という大義名分が先にあり、基準以下の人間存在を「競争社会」において生きぬいていくようにさせる一種の優生思想的な論理が働いているように感じられます。目に見える目ざましい即効性が要求される「競争社会」は結局、人に緊張感をもたらします。物議をかもし、批判をあび、結局謝罪した文部科学大臣の「身の丈に合わせて」発言[100]は、その枠内にあります。「みんなちがっていい」とよく言われますが、今の競争原理の社会ではそのようなメッセージがむなしくひびきます。しかし実際は、暴力、殺人、いじめ、自死、蔑視に満ちあふれ、安心できない社会です。文化的で健全な生活環境のもとで、良好な食生活をおくり、心のかよいあう家族関係や自分をのびのびと生かせる社会関係でやっていけるだけの経済力のある人たちが、そもそも、世のなかにどれくらいいるでしょうか。将来に希望をいだき、夢を描ける人たちが、どれだけいるでしょうか。

抑圧的な「競争社会」とは対照的に、たがいの存在を認めあう相互扶助を原理とする「共創社会」は、人に安心をもたらします。その効果はじわじわとあらわれはじめます。人間生活の全体は、生き物の世界と同様、いろいろな局面で相互扶助の原理[101]が働かなければ、成りたちません。たとえば、みじめな状態で歩いている捕虜たちに食料を提供した農婦たちもいたそうです。これは「慈善」という大げさなことではなく、そこに居あわせた隣人としての助けです。その農婦たちは、助けを必要としている捕虜たちがそこに「居る」ことを認識しました。それは、捕虜たちが「居る」ということが自分とは無関係ではないという認識です。一方、捕虜という存在を生みだすのが戦争であることを忘れてはなりません。軍需産業は莫大な利益を享受するかもしれませんが、戦争の勝利によって人間生活が維持されるわけがないのです。また、大国が小国を相手に戦争に勝つともかぎりません。米国のベトナム戦争敗北やソ連のアフガン撤退などがそのことを証明しています。ベトナム帰還兵やアフガン帰還兵のその後の不幸な様子は、数多く報告されています。しかしそれでも、世界各地で軍事的緊張はつづいています。米国は世界各地に軍隊を駐留させ、わが国にも重要な戦略的意味をもつ米軍基地が存在します。しかも、南西諸島では自衛隊配備が強化されています。こうした動向は、わたしたちが生きている「競争社会」と地続きでつながっているとわたしは認識しています。

今、焦眉の急の事態をつげる課題は、いろいろな弊害をもたらし、戦争行為にもつながりかねない、管理化された「競争社会」から、だれもがそこそこ暮らしていける安心・安全の「共存・共生・共創社会」への転換です。そこには当然、地球温暖化対策もふくまれています。しかし、地球温暖化にたいする各国の取り組みは足並みがそろわないのが現状です。二〇一九年九月二十五日、ニューヨーク国連本部で開かれた気候行動サミットにおいて、スウェーデンの高校生グレタ・トゥンベリさんが対策の遅れを批判しました。彼女は声を震わせながら、「よくもそんなことを言えるわね（How dare you）」と発言しました。彼女の真摯な発言は、「なんともめでたい」と言ってちゃかすのではなく、他人事ではない問題提起として傾聴すべきです。地球環境よりも経済成長に血眼になっている状況を告発した彼女の訴えを支持する人たちは、世界中にたくさんいます。「競争社会」は結局、人間をモノとしてあつかい、全体として経済成長を目標とする方向に動きます。その経済成長が自然環境破壊とも結びつき、人びとの安心・安全の生活をもおびやかすおそれがあります。そのことに気づいた者から行動をおこしていかねばなりません。その行動を下からささえ、背後からうながすのが、倫理です。

㈢「息はしていませんが、生きています」

以下の記述は、倫理の本質をわかりやすく解説した安藤泰至氏（生命倫理の専門家、鳥取大学医学部）のインタビュー記事[102]に拠ります。東日本大震災で爆発した福島第一原発から約四キロメートルのところにある双葉厚生病院での出来事です。この病院の患者や医療スタッフを避難させるために自衛隊のヘリコプターが何機もやってきました。しかし、日が暮れて、くらくなりはじめると、ヘリは来なくなってしまいました。取り残された患者や医療スタッフもいました。病院で眠れぬ夜を過ごしました。しかし、ひとりの患者さんが亡くなりました。朝一番、自衛隊のヘリコプターが救助に来てくれました。看護師は、その亡くなった患者さんを先に乗せてくれるように自衛隊の隊長に頼み、こう言いました。「息はしていませんが、生きています」と。隊長は、けげんな表情をしました。しかし、隊長は「わかりました」と言って、そのご遺体を最初に乗せてくれました。こういう異常な状況下では、亡くなった人を最初に乗せるのは、救助の原則に反します。できるかぎりおおくの人たちの命を助けるという救助本来の目的にそむくことだからです。しかし、看護師は「この人をここにおいていくことはできない」と思いました。それを自衛隊員は黙って受けいれてくれました。人と人とのあいだには、こういう倫理が働くといってもいいでしょう。シナリオどおりではない対応やふるまいが倫理です。その看護師は、亡くなられた方の生きて来た道筋の一部を時間的にも空間的にも共有していたと思います。亡くなられた方は入院中、看護師から「○○さん、おはよう、元気？　きょうは朝から晴れているよ」などと声をかけられ、いろいろな世話を受けながら励まされてきたと想像されます。

こういう倫理と対極にあるのが、衝撃的な相模原の事件です。二〇一六年七月、神奈川県相模原市の障碍者福祉施設で、入所していた十九名の方々がさし殺され、二十六名の方々が重軽傷を負われました。事件をおこした人物の主張では、重い知的障碍をもつ人や重複碍害をもつ人は、「意思疎通のとれない人間」、「心失者」であり、人間であることがすでに崩壊した存在であるがゆえに、周囲のためにも国家のためにも安楽死させるべきであるとされています。しかも、彼の主張を支持する声もかなりあるようです。彼のこうした主張をおしかえす言葉を紡ぎだせていないのが、わたしたちの社会の現状です。それだけ、わたしたちの社会が、役にたつか、役にたたないか、という基準で動いているからです。

最首悟という有名な学者がいます。彼には、星子さんという娘がいます。ダウン症で重度の知恵遅れで、四十年以上にわたって、毎日自宅で介護をしています。最首氏は、悲惨な事件をおこした人物と面会し、文通をしています。その学問的知見と娘の介護の実体験に裏づけられた最首氏の洞察力ある考えは、『神奈川新聞』ウェブページ「カナロコ」[103]に紹介されています（「植松被告との文通　伝えたい『心失者なんて、いない』」）。以下の記述はそれに拠ります。最首氏は、「役に立つか、立たないか。それだけを基準にしてしまえば、社会の多様性は失われてしまう。役にたたない物をすててなにが悪いというのは、子どもの論理でしかない」と述べています。しかし、事件をおこした人物は、そういう意見にたいして、「はい、わかりました」と素直に答えるような人物ではありません。

最首氏は、この悲惨な事件をわたしたちの人間社会でおこった事件として認識しています。わたしもそう思います。要するに、「障碍者は邪魔だ」といメッセージをおくっているような事件です。「役にたつ」「役にたたない」というひじょうに限定された基準が設定された世界は、人の幸せはお金と時間にあるという世界です。だから、お金と時間と労力をうばい、不幸をばらまく重度障碍者の「心失者」は殺して当然という見方になります。「心がないのは、物、物質です。心は失われない」と最首氏は確信していますが、殺傷事件をおこしたその人物は、「重度障碍者は意味のない存在である」と確信しています。その人物が言うところの、「心失者」とは、人間でなく「廃棄物」とみなされ、その論理的帰結として、廃棄物として障碍者を処理してもなんら心を動かされることはないわけです。

最首氏は娘の星子さんを「鉢植えの花」にたとえて、こう言います。

全くの無防備で、弱者そのもの。水が一つでも失われたら枯れてしまう。その悠然とした身のゆだね方に、いかに自分が欲だらけなのかを思い知る。命とは、わからず、はかれない価値を持っている。

大変美しい、重みのある言葉です。そう語る最首氏は、この人物の殺人は社会が作りだした病だと認識しています。経済的に役にたつかどうかだけで人を判断する合理主義の成れの果てとして、この事件を見ることができます。

すぐれたものが良い、すぐれた命に意味がある。これを優生思想といいます。この優生思想は特殊なものではありません。わたしたちもいろいろな形で優生思想をかかえています。たとえば、より良い人生を生きるために、よりすぐれた能力を身につけようと日夜努力しています。身体的能力であれ知的能力であれ、それをのばそうと努力しています。社会の仕組みに適合しようとしています。結果として、それが肩書となり、社会的立場になります。つまり、わたしたちは、それぞれの仕方で、人生のいろいろな局面で物事を選別して、差別的に生きていることになります。わたしたちは、なんらかの仕方で、人をけおとし、物事を選別しながら差別的に生きています。そういう点にかんするかぎり、施設の障碍者たちを情け容赦なく殺した人物の狂気の犯行と、法律を守って暮らしていることになっているわたしたちの日常は、社会の根底においてつながっていると感じられます。だから、この事件はおそろしくもあり、リアルでした。今もその余韻は消えていないはずです。

「息はしていませんが、生きています」と言えるのも人間です。付きあうのにてまひまのかかる存在も人間です。そういう存在を抹殺するのも人間です。こういう人間なるものは、生きていくためには、かけがえのない存在であることをたがいに認めあうしかないと思います。それはまた相互扶助の原理です。例の人物は、たくさんの障碍者を抹殺することにより、そういう相互扶助を否定したことになります。人間は相互扶助なしには生きていけないはずですが、彼は、そういう可能性をもうばったことになります。人が人にささえられて介護されて生きる形と機会をうばったことになります。介護というささえがなければ生きられない存在を否定したことになります。生きる形がこわされたのです。

わたしたちの体を構成する基本単位としての細胞のひとつひとつには、増殖するだけではなく、死んでいくというメカニズムがすでに組みこまれています[104]。そういう意味では、わたしたちは「死」というものを身に負いつつ生かされていることになります。そういう「死」の継続をこちらが勝手に断ちきってはならないのです。そういう点から見ても、障碍者をさし殺した人物の犯行は、「いのち」だけではなく、「死」というものをも抹殺したことになります。介護でささえられている障碍者の生きる形と、障碍者の死に方まで同時にうばったことになります。だれにでもおとずれる「死」を、存在の外側から、こちら側から、すなわち、人間の側からもたらすという点では、障碍者殺傷事件も、臓器提供の容易化を意図した「与死」論も、その論理構造は共通しています。そこには、存在するだけでも美しいはずの「いのち」の原理が失われているように見うけられます。

---

(99) 『薔薇園—イラン中世の教養物語』東洋文庫、蒲生礼一訳、一九六四年、五十七頁。

(100) BS番組において、文部科学大臣は、経済格差や地理的格差の拡大を指摘する声について問われ、「あいつ予備校通っていてずるいよな、と言うのと同じ」とし、「裕福な家庭は回数受けてウオーミングアップできることはもしかしたらあるかもしれないが、そこは身の丈に合わせて、二回を選んできちんと勝負して頑張ってもらえば」などと発言したと伝えられています。「萩生田文科相、受験『身の丈』発言を陳謝『説明不足だった』」『ウェブ版東京新聞』を参照。

(101) 人間世界や生き物の世界に機能している相互扶助の原理については、ロシアのアナーキスト、P・A・クロポトキン(一八四二—一九二一年)が『相互扶助論』(大沢正道訳『クロポトキンI』三一書房、一九七〇年)において具体例を紹介しています。

(102) 「人間を生きるということ—いのち考」『同朋新聞』(前編七三四号、二〇一九年一月一日。後編七三五号、同年二月一日)。

(103) *https://www.kanaloco.jp/article/entry-160524.html.*

(104) 人間の細胞のメカニズムについては、多田富雄『免疫の意味論』(青土社、一九九三年)を参照。

あとがき

本書は、二〇一八年二月に上梓された第一弾（『「新」キリスト教入門(1)』）につづく第二弾です。燦葉出版社社長の白井隆之様には一方ならぬご尽力を賜りました。感謝を申しあげます。第二弾では、ＬＧＢＴ受けいれの動き、痛ましい事件、テロ事件、聖書の読み方、日本社会の仕組み、教育のあり方、本気じるしの塊のような人たちなどを取りあげ、機能不全社会から脱却し、共存・共生・共創を目ざす実践的思考を展開しています。それゆえ、「実践編」という表現を副題としました。キリスト教の真骨頂は「実践」です。そういう問題意識にもとづくこの第二弾も、第一弾と同様、何百冊目かのありきたりのキリスト教本ではありません。既定の答えがはじめから用意されている護教論的論じ方をさけ、困難な課題が山積する「世のなか」—「彼岸」ではなく「此岸」—との関連で、聖書の世界観や人間観を倫理として実践的に展開したつもりです。第一弾と同様、ご笑覧くださり、忌憚のないご意見を賜りますならば、幸甚に存じます。

第一弾にたいしては、多方面から反応が寄せられました。おおむね好意的でしたが、反感や嫌悪もあったと想像されます。わたしが担当する宮城学院女子大学生涯学習講座の受講生、教え子、学生、キリスト教会関係者、キリスト教牧師、キリスト教系大学教員、ならびに、他分野の専門家からのさまざまなご感想を賜り、自らの浅学菲才を実感させられ、多大なる励ましも受けました。かたじけなく思います。本当に感謝です。

いただいた感想の中から三例紹介させていただきます。

読んでいて、その深さに「すごいなあ」とただただ思うばかりです。ゆっくり、じっくりと、何回も何回も読んでいこうと思っています。字も大きくて読みやすいので、楽しいです。「基本姿勢」の言葉が好きです。「行動が祈りであること」。「労働」「仕事」「働き」のうち、人とかかわる「働き」が人との支え合いを生み出すこと。礼拝の意味、「断食」の意味。一つ一つ読んでいて教わることがいっぱいです（生涯学習講座受講生E・C）。

キリスト教はこういうものだ、あれやこれやの出来事があったというありふれた既存の内容ではなく、読み手の誰にも当てはまるであろう現代社会の事象に沿い其処にイエス（キリスト教）が行った事象が入ってゆく、すんなり咀嚼ができる一冊であると感じたのが素直な感想です。結びに代えてのページで仰られた「わたしはこのようにしてキリスト教の影響を受け、キリスト教をこのように受け止めている」というのは先生の「わたしはこう思う」「わたしはこう考える」の着地点なのかとも思いました。論理的ではない感覚的な感想になってしまうのですが、私自身「生きていてよいのだ」と思いましたし十二分に勇気づけられました。ただただ一方的にイエスの言葉、キリスト教の歴史を連ねるのではなく現代社会と先生の声も混じり合わせたものであるから、文章に熱があり強さがあり力が読者に対し説得力があるのでしょう（教え子Ｆ・Ｈ）。

現実から遊離することをせず、今を生きる意欲に満ちたダイナミックなキリスト教理解であり、行動するキリスト者である著者の肉声が響きわたる。真摯な宗教的生き方が宗教という枠を超えていく動きを体現する書物である（島薗進先生、上智大学大学院実践宗教学研究科教授）。

わたしにはもったいない言葉ばかりです。ほかにもたくさんの感想が寄せられていますが、紙数の制約上、全部を紹介出来ない無礼をおゆるしください。ただ、二〇一九年度、わたしが担当する一年次必修科目「キリスト教学」を受講した学生の感想をぜひご披露させてください。若い人はよく考え、健闘していることがわかるからです。

本来、苦しみや悩みの中にある人に手を差し伸べるはずであるキリスト教は、現代社会において多くの矛盾を孕んでいる。『「新」キリスト教入門⑴』は、キリスト教や聖書の教えをなぞらえる従来の入門書とは大きく異なり、疑問を投げかけるスタイルで書かれている。キリスト教の本質は「慰めの共同体」であるはずだ。立場や境遇にかかわらず、他人の痛みに想像力の翼をいっぱいに広げ、その上で共感し、手を差し伸べることが共感の感性の核となるべき部分なのです。しかし、現実社会を見つめたとき、目に飛び込んでくる世界はそのような美しいものではないのです。現実は、慰めの共同体とはほど遠く、強固な「仲間主義」に影響された醜いモノなのです。キリスト教や教会の規格からはみだしてしまった弱くて壊れやすい人々のことは、自分で立ち上がれと突き放し、自分たちの枠内に収まることのできた仲間だけを弱くて壊れやすい存在たちとして受け入れる。いつからキリスト教は自分たちと異なる立場の人びとを自己の利益のために犠牲にすることを厭わなくなってしまったのだろうか。そのような仲間主義が蔓延ったキリスト教は、人間存在をモノとして、人材として役に立つかどうかという生産性と発達の観点に立ってあつかう社会を大きく後押ししたのです。キリスト教が拾わなければばならなかった社会的に抑圧された弱者や少数派の人々（女性、ＬＧＢＴ等の性的マイノリティ、障害者等）の声が、利益、合理性、生産性重視の名の下にかき消されていくこの現実を前にして、わたしたちに何ができて、何をしなければならないのだろうか、と読者は問われます。このような本質的な問いを継続することで、この本は形式的な教えやルールに盲目で（原文のまま）従う危険性を警鐘しているのです。

キリスト教という集団の中に、仲間の線引きは不要なのです。どこからどこまでが規格内なのかと心配するのではなく、「ひとりひとりがキリスト教である」という姿勢でキリスト教を捉え直すことが、今の若者に求められているのでしょう。形式的な枠組みとしてキリスト教を捉えることから得られるものは限られている。キリスト教が求める理想像に無理して合わせる風潮が広まってしまえば、型にはまらないタイプの人たちは、救いの門から弾かれ、見捨てられてしまうのです。それが、人々の繋がりが希薄になり、効率重視で平気で弱者を踏み倒す現代社会の根底にあるものです。大学生として、目の前にあるものを鵜呑みにするのではなく、物事の本質を問い、そして自分自身について問い続けることが、社会に目を向け、そして自分を見つめることなのでしょう。

この秀逸なレポートは、本書の中味を見事に先取りしています。これを書いたのは、二〇一九年三月、高校を卒業したばかりの若い女性であることにわたしは希望を感じます。報われた気になりました。「ありがとう!」

最後に、表紙カバーデザインは、第一弾につづいて、花史(はな・ふみ)さんが手がけてくださいました。この場をかりてお礼を申しあげます。

二〇一九年十一月十一日

新免　貢

著者プロフィール

新免　貢（しんめん・みつぐ）

一九五三年沖縄県生まれ。関西学院大学大学院神学研究科修了、米国太平洋神学校留学。現在宮城学院女子大学一般教育部教授。専門は初期キリスト教思想。初期キリスト教思想を現代の諸状況に文献学的に接合させることにより、キリスト教の再構築を試みる行動派研究者。著書・訳書は、『「新」キリスト教入門⑴』（燦葉出版社、二〇一九年）、『滅亡の予感と虚無をいかに生きるのか―聖書に問う』（共著、新教出版社、二〇一二年）、M・ヘンゲル著『使徒行伝と原始キリスト教』（教文館、二〇〇四年）、R・ハイリゲンタール著『イエスの実像を求めて』（教文館、一九九七年）他多数。

「新」キリスト教入門（2）
実践編　共存・共生・共創にむけて　（検印省略）

2020年2月15日　初版第1刷発行

著　者　新免　貢
発行者　白井　隆之

発行所　燦葉出版社　東京都中央区日本橋本町4－2－11
電　話　03（3241）0049　〒103－0023
ＦＡＸ　03（3241）2269
http://www.nexftp.com/40th.over/sanyo.htm
印刷所　㈱ミツワ